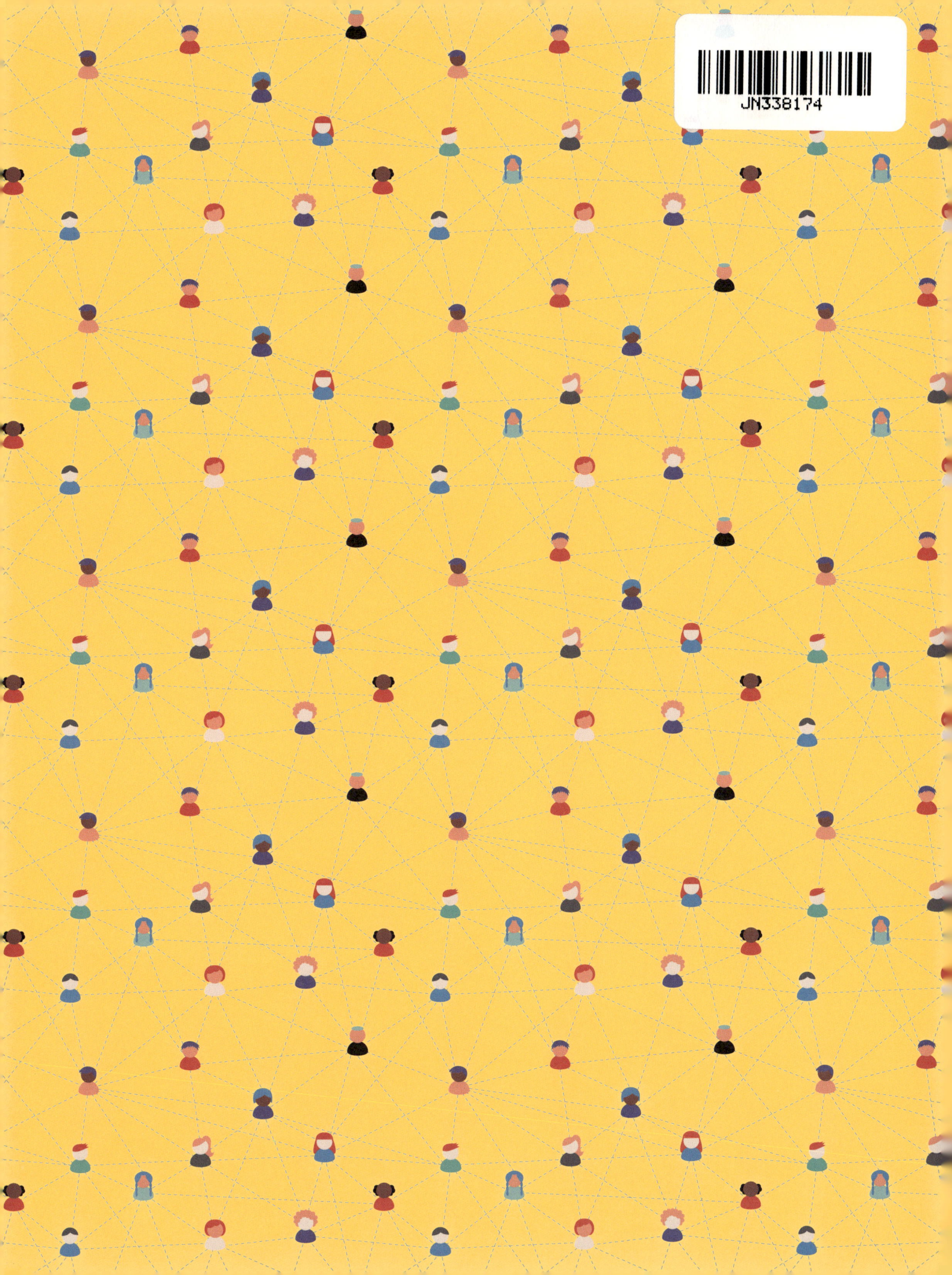

Yo, digital
©Lucha Sotomayor
©Itza Maturana
©La Bonita Ediciones
Korean Translation copyright © 2023 by Dabom Publishing Co. through VLP Agency, Chile & Greenbook Agency, Korea.

이 책의 한국어판 저작권과 판권은 그린북 에이전시를 통한 권리자와의 독점 계약으로 다봄출판사에 있습니다.
저작권법에 의해 한국 내에서 보호를 받는 저작물이므로 무단 전재와 무단 복제, 전송, 배포 등을 금합니다.

우리는 슬기로운
디지털 시민입니까?

루차 소토마요르 글 | 이트사 마투라나 그림 | 남진희 옮김

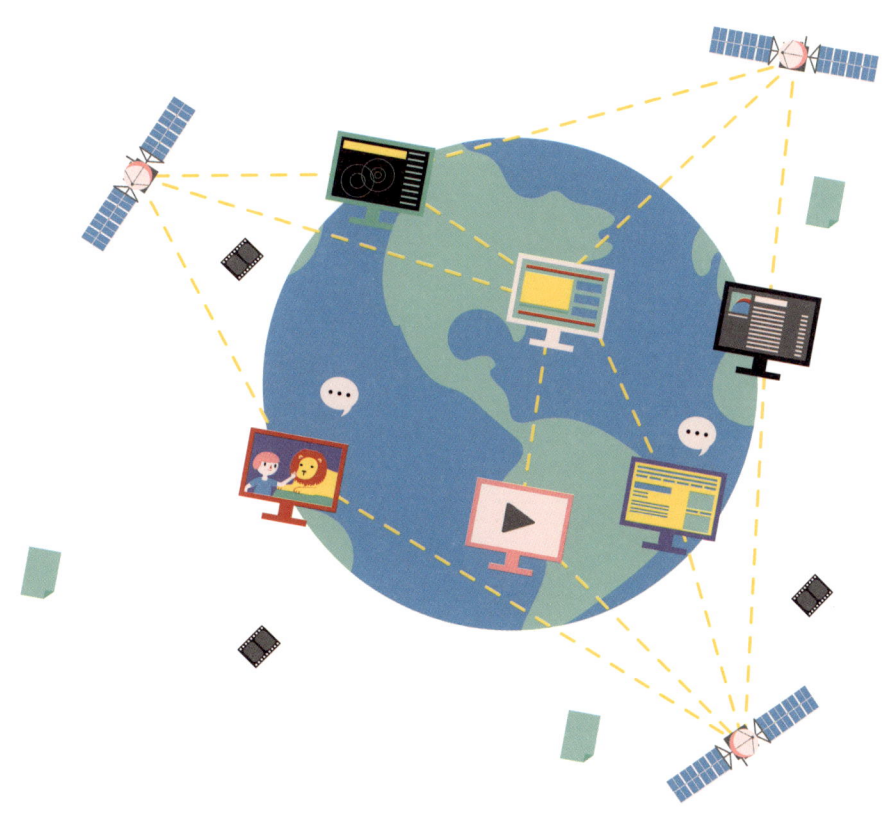

다봄.

차례

1 인터넷이 생겼어!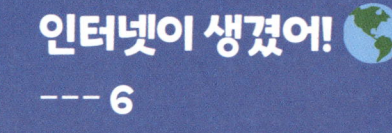
--- 6

2 인터넷으로 할 수 있는 일들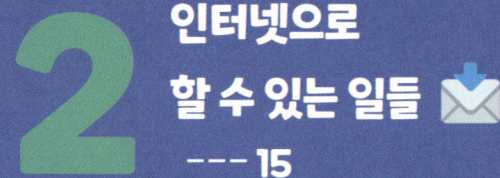
--- 15

3 인터넷은 어떻게 작동할까? 🔍
--- 20

4 인터넷 용어들을 알아보자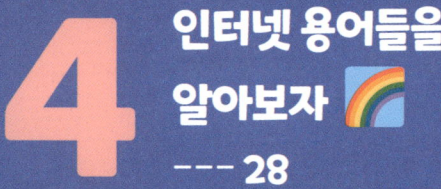
--- 28

5 소셜 네트워크 서비스, SNS를 아니? 👋
--- 38

6 인터넷의 구조를 알아보자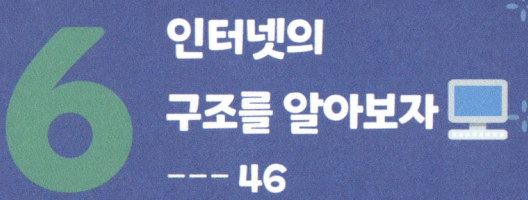
--- 46

7 인터넷에서 다른 사람을 대하는 법 ✌️
--- 53

8 디지털 시민이 되자 😱
--- 62

9 디지털 세상에서 어떤 일을 할까? 🛠️
--- 73

10 미래에 인터넷은 어떻게 될까? 🚀
--- 79

11 디지털 시민으로 지켜야 할 일들 ☝️
--- 83

`행동하는 디지털 시민` 사이좋은 디지털 세상은 어떻게 하면 만들 수 있을까?
--- 84

우리는 모두 인터넷으로 연결되어 있어!

이 책을 읽기 전에

오늘날 우리는 **디지털 세상**에 살고 있어.

디지털 세상은 **인터넷**과 **디지털 기술**의 발달로 이뤄졌어. 인터넷은 전 세계 컴퓨터가 연결되어 서로 정보를 교환하는 거대한 컴퓨터 통신망이고 디지털 기술은 모든 정보가 숫자로 전환되어 저장되고 전송되는 기술이야.

지금 우리는 길을 걸어가다가도 핸드폰으로 궁금한 걸 검색해서 알아볼 수 있고, 방금 찍은 사진을 멀리 있는 친구와 이메일이나 메신저로 바로 공유할 수 있어. 또 지구 반대편에 있는 사람들과 교류할 수도 있어. SNS라고 하는 소셜 네트워크 서비스를 통해서 말이야.
이 모든 게 우리가 디지털 사회에 살고 있기 때문에 가능한 일이야.

물론 **사이버 폭력**이나 **온라인 범죄**와 같은 일에 피해를 당하지 않도록 조심해야 할 부분도 있어. 그래서 주목을 받는 것이 바로 **디지털 시민**이야. 디지털 시민은 온라인 세상에서 인권을 지키고, 인터넷을 안전하게 사용하도록 책임감을 갖고 적극적으로 활동하는 사람이야. 예를 들면 인터넷에서 다른 사람의 인권을 침해하는 동영상을 발견하면 해당 사이트에 이러한 사실을 알리고 게시물을 내리도록 요청하지.

디지털 시민은 다른 사람의 권리를 해치는 행동을 안 하려고 노력하며 올바른 인터넷 사용 문화를 이끄는 사람이야. 이런 사람들이 많아지면 좋겠지?

디지털 시민으로서 가장 먼저 잘 알아야 할 것이 바로 인터넷이야.

인터넷이 왜 만들어졌고, 어떤 원리로 작동하며, 포털 사이트가 무엇을 하는 곳인지, 웹 페이지와 브라우저의 차이가 뭔지 알아보자. 또, 온라인에서 지켜야 할 에티켓과 조심할 점들, 디지털 시민으로 지켜야 할 태도도 함께 알아보자.

자, 디지털 시민이 되기 위해 인터넷 세상으로 떠날 준비가 되었니? 🙌

1. 인터넷이 생겼어!

우리는 세상을 둘로 나눌 수 있어!
인터넷이 없던 세상과 인터넷이 있는 세상으로!

인터넷은 전 세계 컴퓨터가 서로 연결되어 정보를 교환할 수 있는 거대한 컴퓨터 통신망이야.

인터넷은 초기에 군인이나 스파이, 대학교수와 과학자, 수학자와 같은 **일부 사람들**만 쓸 수 있었어. 다른 나라 몰래 정보를 전하거나 중요한 기밀 사안을 보호하는 일에 주로 쓰였지.

평범한 사람들은 **인터넷이 없는 세상**에서 살았단다.

그러다 20세기가 되어서야 누구나 인터넷을 쓸 수 있게 되었어.

가까이 있는 어른에게 어릴 적에 인터넷을 썼는지 물어보렴.

인터넷을 써 봤냐고?

"어릴 적엔 **인터넷**이란 단어를 들어 본 적도 없어." 대부분 이렇게 말할 거야. 예전에는 특정한 몇몇 사람만 쓸 수 있었어.

인터넷이 없었을 때는 어땠을까?

인터넷은 1969년 아르파넷으로 출발했어. 아르파넷은 미국 국방부에서 개발한 컴퓨터 통신망으로 미국 전역에 있는 연구소와 대학교의 컴퓨터를 연결해 정보를 공유했어. 💻

아이들은 방학이 되면 먼 곳에 사는 친구들 소식을 알기가 어려웠어. 편지를 주고받으면 알 수 있었겠지만 시간이 걸렸겠지? 지금처럼 궁금할 때 바로 소식을 묻고 들을 수가 없었어. 😨

친구와 찍은 사진을 바로 보고 또 쉽게 전할 수가 없었어. 그때는 필름 카메라밖에 없었거든. 사진을 인화하려면 시간과 비용이 들었어. 똑같은 사진을 나눠 가지려면 추가로 비용을 더 지불해야 했어. 🎞️

궁금한 게 있으면 책에서 정보를 찾았어. 사람들은 주로 백과사전에서 정보를 찾았어. 백과사전은 사회, 문화, 경제, 과학 등 여러 분야의 지식을 정리한 아주 두꺼운 책이야. 📘

인터넷의 탄생

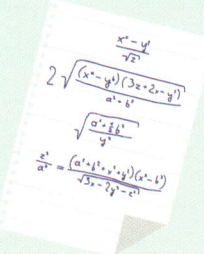

최초의 컴퓨터가 정말 어려운 수학 문제를 풀기 위해 개발되었다는 이야기를 들어 본 적 있니? 🤓

수학자 여러 명이 몇 달씩 걸려서 겨우 풀 만큼 어려운 수학 문제들이었어. **사람들은 빠르고 정확하게 수학 문제를 풀려고 컴퓨터를 열심히 개발**했고, 그 덕에 무한한 가능성의 세계가 열렸단다. 1960년대에 인터넷이 만들어지며 이 가능성이 더 커지기 시작했어.

전쟁 중이라고 상상을 한번 해 보렴 💣

무섭고 두렵겠지만 전쟁이 일어나고 있다고 상상해 봐. 그런데 네가 **전쟁을 승리로 이끄는 중요한 정보**를 가진 유일한 사람이야. 전쟁에서 이기려면 다른 나라에 있는, 너와 다른 언어를 쓰는 누군가에게 이 정보를 전해야 해.

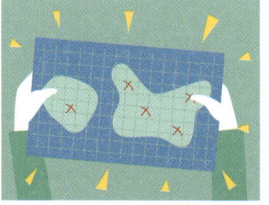

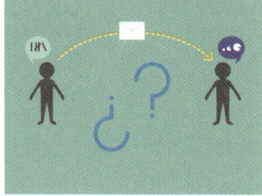

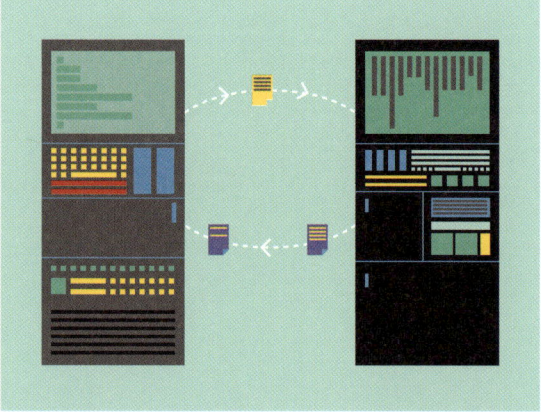

만약 편지를 써서 보낸다면 중간에 엉뚱한 사람이 편지를 읽을 수도 있어. 또 시간이 너무 많이 걸릴 거야.

컴퓨터로만 풀 수 있는 어려운 암호를 써서 보내면 어떨까? 컴퓨터와 컴퓨터를 연결해서 말이야. 💡

인터넷은 이러한 이유로 1960년대에 만들어졌어.
스파이나 군인들은 인터넷에서 **비밀 코드**를 써서 은밀하게 정보를 주고받았어.

컴퓨터 프로그램을 만들거나 인터넷에 올리는 콘텐츠를 만들 때 코드에 맞춰 만들어야 해. 코드는 정보를 나타내는 기호 체계로 쉽게 말하면 컴퓨터용 언어라고 할 수 있어.

인터넷이 오늘날의 모습을 갖추기까지는 여러 단계를 거쳐야만 했어. 😉

지금은 당연하게 여기는 일이지만,
당시엔 컴퓨터와 다른 컴퓨터를 연결하는 방법을
알아내는 게 과학자들이 풀어야 할 가장 큰 숙제였어. 😛

수많은 시도들이 있었어!

1969년에 드디어 컴퓨터 네 대를 하나로 연결할 수 있게 되었어. 컴퓨터마다 **유일한 주소**를 이름처럼 가졌지. 왜냐고? 다른 컴퓨터로 정보를 보내려면 주소가 필요했거든. 다행히 **이때만 해도 컴퓨터가 딱 네 대만 있었지.**

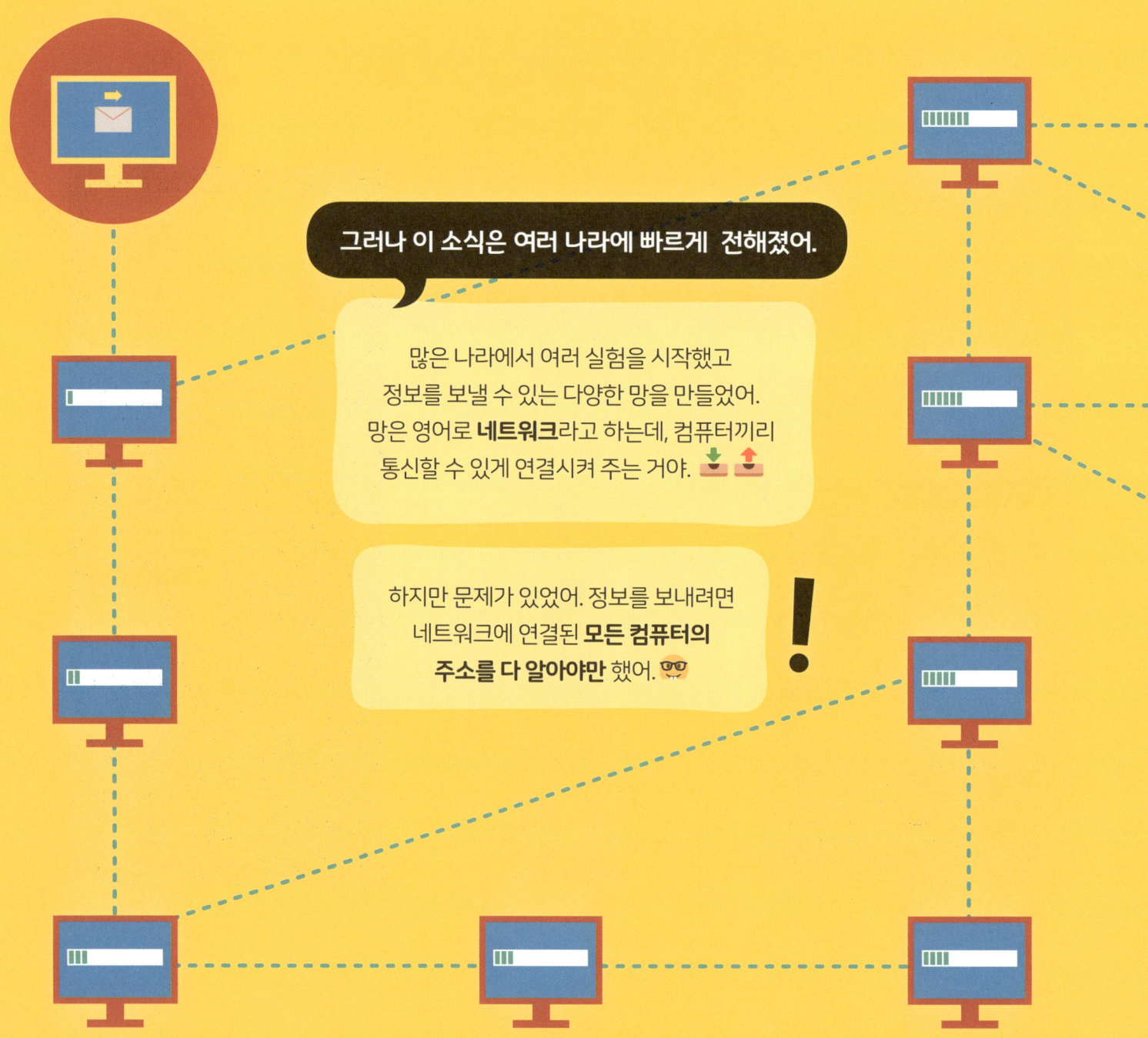

그러나 이 소식은 여러 나라에 빠르게 전해졌어.

많은 나라에서 여러 실험을 시작했고 정보를 보낼 수 있는 다양한 망을 만들었어. 망은 영어로 **네트워크**라고 하는데, 컴퓨터끼리 통신할 수 있게 연결시켜 주는 거야.

하지만 문제가 있었어. 정보를 보내려면 네트워크에 연결된 **모든 컴퓨터의 주소를 다 알아야만** 했어.

컴퓨터 주소를 전부 알 수 있을까?

예를 들어서 설명해 줄게. 네가 친구에게 이메일을 보내면 그 이메일은 친구의 컴퓨터로 바로 가는 것이 아니라 컴퓨터 수백 대를 거쳐야만 했어. 이메일을 보내기 전에 컴퓨터 수백 대의 주소를 알아야 했고, 어떤 경로를 통해 이메일을 보낼지 정확하게 순서를 그려야 했어. 불가능했겠지? 😱

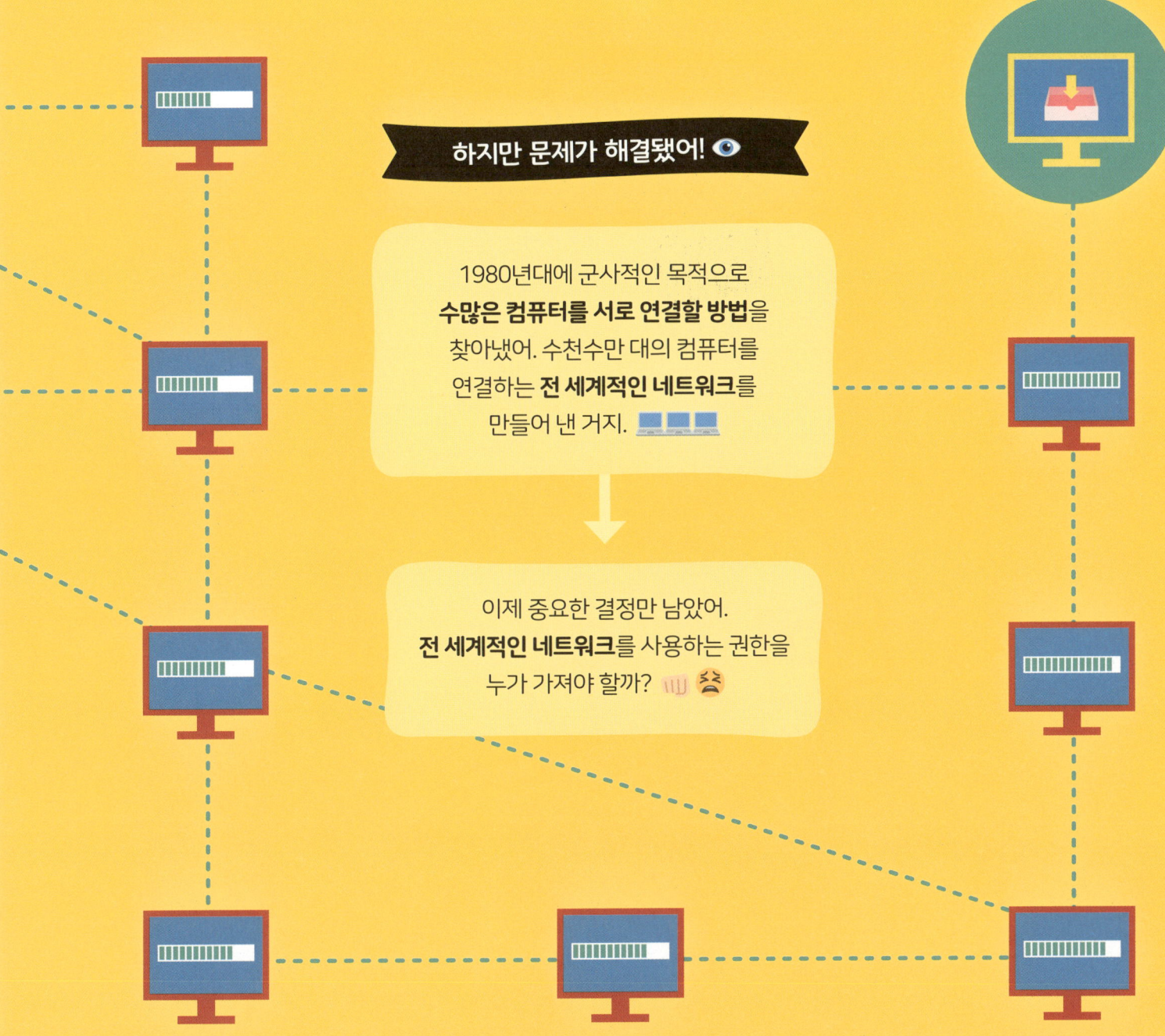

하지만 문제가 해결됐어! 👁

1980년대에 군사적인 목적으로 **수많은 컴퓨터를 서로 연결할 방법**을 찾아냈어. 수천수만 대의 컴퓨터를 연결하는 **전 세계적인 네트워크**를 만들어 낸 거지.

이제 중요한 결정만 남았어. **전 세계적인 네트워크**를 사용하는 권한을 누가 가져야 할까? 🤬😩

영국의 과학 기술자인 **팀 버너스 리**가 전 세계 사람들에게
인터넷을 넘겨주자는 해결책을 냈단다.
팀 버너스 리는 **인터넷 세상의 홍길동과 같은 사람**이지!

과학 기술자들은 한 콘텐츠를 다른 콘텐츠와 연결하는 방법을 발명했어.
예를 들면, 네가 인터넷에서 사진을 보고 있는데
"다른 사진을 보고 싶으면 여기를 클릭하세요."라는 문구를 클릭하면,
다른 사진으로 연결이 돼. 이게 바로 **하이퍼링크**야.
하이퍼링크를 통한 무한한 콘텐츠의 연결!

바로 네가 알고 있는 인터넷이야!

1989년에 팀 버너스 리가 **인터넷**에 'www'라고 이름을 붙였지.

여기에서 www는
'세계를 연결하는 거대한 그물망'이라는 의미야.

WORLD
WIDE
WEB

월드 와이드 웹을 줄여서 **웹**이라고 해!
인터넷과 웹은 같은 뜻이야.

웹은 1993년에 사람들에게 널리 알려졌어.

왜 그물망이라고 해?

인터넷은 수많은 정보를 교환할 수 있게 엄청나게 많은 컴퓨터들을 서로 연결하고 있거든. 그 모습이 마치 촘촘하고 거대한 그물망처럼 보인단다.

콘텐츠는 누가 만들어?

사람들이야! 팀 버너스 리가 코드를 공개한 다음부터 인터넷에서 누구든지 자유롭게 콘텐츠를 만들 수 있게 되었어. 코드로 이루어진 컴퓨터 언어만 알면 되는 거야.

초기 인터넷

처음에는 인터넷이 너무너무 느렸어. 💤
왜냐하면 전화망으로 연결되었거든. ☎️
그래서 인터넷을 쓸 때는 전화를 주고받을 수 없었어.
사진 한 장을 내려받으려면 오전 내내 컴퓨터 앞에 앉아
있어야 했지. 시간이 조금 지나자 통신망이 개선되었고
인터넷도 오늘날의 모습으로 발전했어. 😃🤖

1971

이메일이 뭔지 알지?
인터넷으로 주고받는 전자 우편이야. ✉️
최초의 이메일은 1971년에 보내졌어.
미국의 과학자가 이메일을 작성해서 같은
방에 있는 다른 컴퓨터에 전송해 봤어. 💻

이메일로 보낸 최초의 사진은
아기 사진이었어!

1995

최초로 만들어진 이모티콘은
하트 ❤️였어.

1996

인터넷에 연결하는 데
사용된 첫 번째 핸드폰은
이렇게 생겼어.
1996년에 사람들에게
알려졌지. 무게가 거의
1킬로그램이나 되었어! 😱

1997

핸드폰으로 첫 번째 사진이
전송되었지. 소피라는 아기
사진이었는데, 소피 아빠는 아기가
태어난 기쁨을 친구들과 나누고
싶었어. 그래서 딸이 태어나자마자
사진을 친구들에게 보낸 거야.

2001

최초의 소셜 네트워크 서비스는
'식스디그리스(SixDegrees)'였어.
소셜 네트워크 서비스는 흔히 SNS로 줄여서
말하는데 온라인에서 여러 사람과 교류할 수
있는 개인 플랫폼이야. 식스디그리스는
전 세계 모든 사람이 여섯 단계만 거치면
서로 연결할 수 있다는 의미를 담고 있어.

2. 인터넷으로 할 수 있는 일들

✓ 정보를 빠르게 찾고 공유하기!
인터넷으로 원하는 정보를 빠르게 구하고 찾은 정보를 쉽게 공유할 수 있어.

✓ 멀티미디어로 소통하기!
사진이나 메시지, 음성 파일, 동영상 등을 이메일로 보낼 수도 있지.

✓ 나만의 방식으로 자신을 표현하기!
나만의 독특한 개성을 표현하고 싶을 때 SNS나 블로그 등 다양한 플랫폼을 이용할 수 있어.

✓ 소식을 널리 알리기!
생명을 구하거나, 다른 사람의 선행을 알리거나, 잃어버린 사람을 찾거나, 긍정적인 메시지를 전달하거나, 억울한 일을 이야기하고 싶을 때 인터넷을 쓸 수 있어.

✓ 비슷한 취향으로 뭉치기! 🕺👩‍👩‍👧‍👦
내가 좋아하는 것과 똑같은 것을 좋아하는 사람이 온라인 세상에 분명 있어! 🐹
그들을 찾아 함께 취미를 즐길 수 있지.

✓ 공부도 게임으로 즐기기! 🎮
새로운 게임들을 만날 수 있어. 공부하는 것도 게임으로 만들어진다니까!

인터넷 세상에선 대화가 멈추지 않아. 여기저기에서 수많은 사람이 다양한 이야기를 지금도 하고 있으니까 말이야. 만약 네가 어떤 주제를 연구한다면 관련된 정보를 인터넷에서 구할 수 있어. 또, 다른 사람의 의견도 살펴볼 수 있지. 그런데 주의할 점이 있어. 🧕👱‍♂️👴👱‍♀️👷

> 인터넷에서 구한 정보와 의견이 항상 옳고 맞는 건 아니야. 인터넷이 모든 일을 해결하는 만능이 아니란 걸 꼭 기억해 줬음 좋겠어.

인터넷은 세상의 거울과 같아

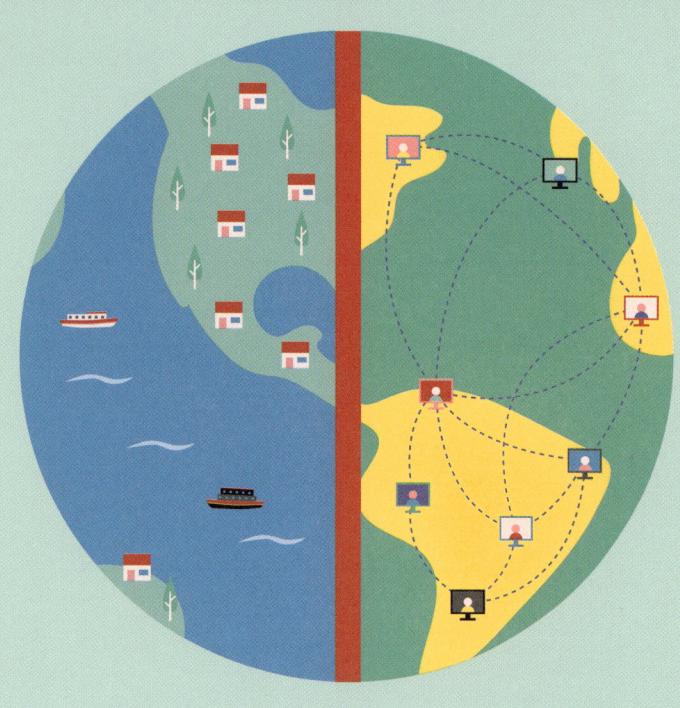

세상에는 착한 사람도 있지만 그렇지 않은 사람도 있어.
인터넷에서 만나는 사람들도 마찬가지야. 😇
심지어 다른 사람을 괴롭히기도 하고 다른 사람의 정보를
훔치거나 조작해서 나쁜 짓을 벌이지.
익명으로 다른 사람을 흉보고 놀리기도 해.
거짓 정보를 퍼뜨리는 일도 참 많아.
그러니까 인터넷에 있는 모든 정보를 믿지 마. 😟

✓ 인터넷은 사람들이 목소리를 낼 수 있게 도와줘

세상에 알리고 싶은 이야기가 있다면
인터넷에 글을 올려 봐.
수많은 사람이 네 이야기를 읽을 거야.
네가 전혀 모르는 사람들이 말이야.

> 그런데 인터넷에 글이나 사진을 올리기 전에 이런 질문을 먼저 해 봐. **내가 모르는 사람들이 내 글과 사진을 봐도 좋니?**

> 안녕! 나는 환이야. 나는 젤리를 좋아하고 축구하는 걸 좋아해. 나중엔 하늘을 날아 보고 싶어. 특히 우주를 말이야.

✓ 인터넷은 여론을 만드는 데 유용한 도구야

2009년에 말랄라라는 여자아이가 인터넷에 자기 이야기를 올렸어. 덕분에 파키스탄에서 여자아이들은 교육을 받지 못한다는 사실이 전 세계에 알려졌지.

넌 더 나은 세상을 만들기 위해 인터넷에서 뭘 할 거니?

✓ 인터넷은 멀리 떨어진 사람들과 연결해 줘

이민을 간 친구나 멀리 있는 가족들과 쉽게 연락할 수 있게 해 줘.
인터넷 전화나 메일 그리고 인터넷 커뮤니티를 통해서 말이야. ✈️

✓ 일상적인 문제를 해결할 방법을 찾아 줘

물건을 사야 할 때 관련된 정보를 찾고 인터넷으로 그 물건을 살 수도 있어.
인터넷으로 도서관에서 빌릴 책을 예약할 수도 있지.
이처럼 인터넷으로 일상에서 마주하는 문제를 해결할 수 있단다. 😉

> 인터넷은 우리 삶에 도움이 되는 유용한 도구야. 물론 항상 모든 일에 유용한 건 아니야!

인터넷 세상에서 할 수 없는 일들도 있어

얼굴에 떨어지는 빗방울을 느끼기

풀밭에서 아래로 구르기

껴안아 주기 🥰

반려견과 놀기 🐹🐰

피자나 🍕
아이스크림, 🍨
혹은 과일을 먹기 🍓

인터넷이 쓸모없는 경우가 또 있을까?

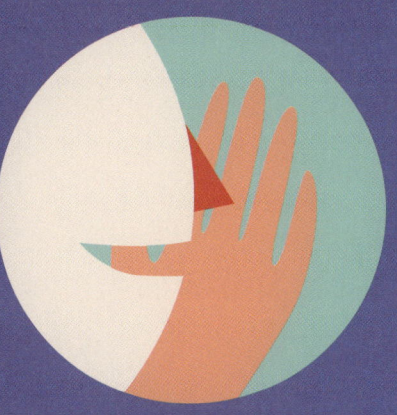

절친에게
귀엣말로
비밀 전하기

웃지 않을 수 없게 간지럽히기 😂

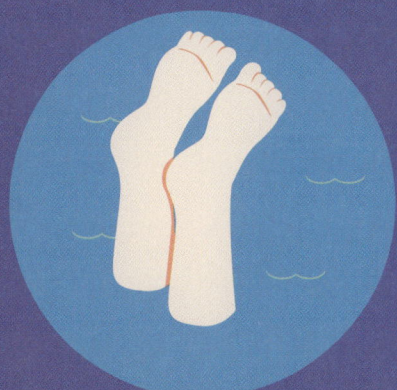

수영장 물에 뛰어들기!

자전거를 타고
바람처럼 달려가기

엄마나 아빠의
체취를 느껴 보기
👨‍👦‍👦 👩‍👦‍👦

3. 인터넷은 어떻게 작동할까?

인터넷은 전 세계 컴퓨터가 서로 연결된 통신망이야.
지구에 퍼져 있는 엄청나게 많은 컴퓨터가 서로 손을 잡고,
거대한 정보의 거미줄을 만들고 있는 셈이지.

세계에서 가장 큰 통신망이야!

컴퓨터들이 실제로 손을 잡거나 팔짱을 끼고 있진 않아.
지하나 바다 밑으로 지나가는 케이블을 통해 다른 컴퓨터와 연결되어 있는 거야.
아주 많은 정보를 담을 수 있는 **대형 컴퓨터**들과 말이야.

컴퓨터가 처리할 수 있는 문자나 숫자, 그림 등으로 된 정보를 **데이터**라고 해.
인터넷에서 오고 가는 정보량이 많을수록 데이터가 늘어난다고 하지.
인터넷에서 정보는 쉽게 전해지고 복제될 수 있어. 정보를 전할 때는 여러 사람에게 동시에 전할 수 있어. 내 컴퓨터에서 만든 정보를 다른 사람의 컴퓨터와 핸드폰으로 동시에 전하는 거지.
또 다른 사람이 인터넷에 올린 정보를 내 컴퓨터와 핸드폰으로 옮겨 올 수도 있어.

몇 초, 몇 분 만에

대륙을 오가는 정보

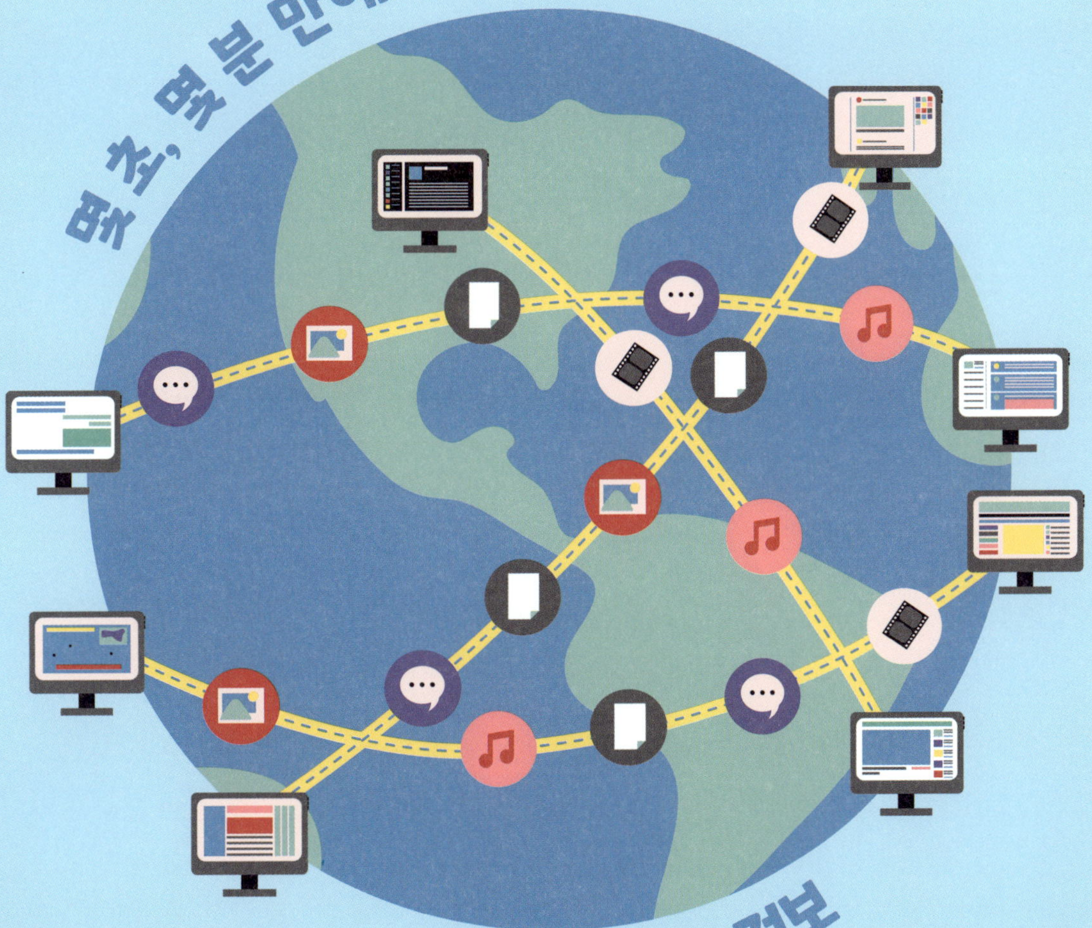

인터넷은 마술사일까?
거짓말처럼 빠르게 전해지는
정보를 보면 인터넷이 꼭 마술사처럼 보여.

하지만 모든 일은 전기와 케이블이 하는 거란다.
케이블을 통해 전 세계를 여행한 정보가 수천 분의 일 초 만에
내 핸드폰으로 온다니! 정말 놀랍지 않니?

인터넷이 어떻게 작동되는지 설명해 줄게

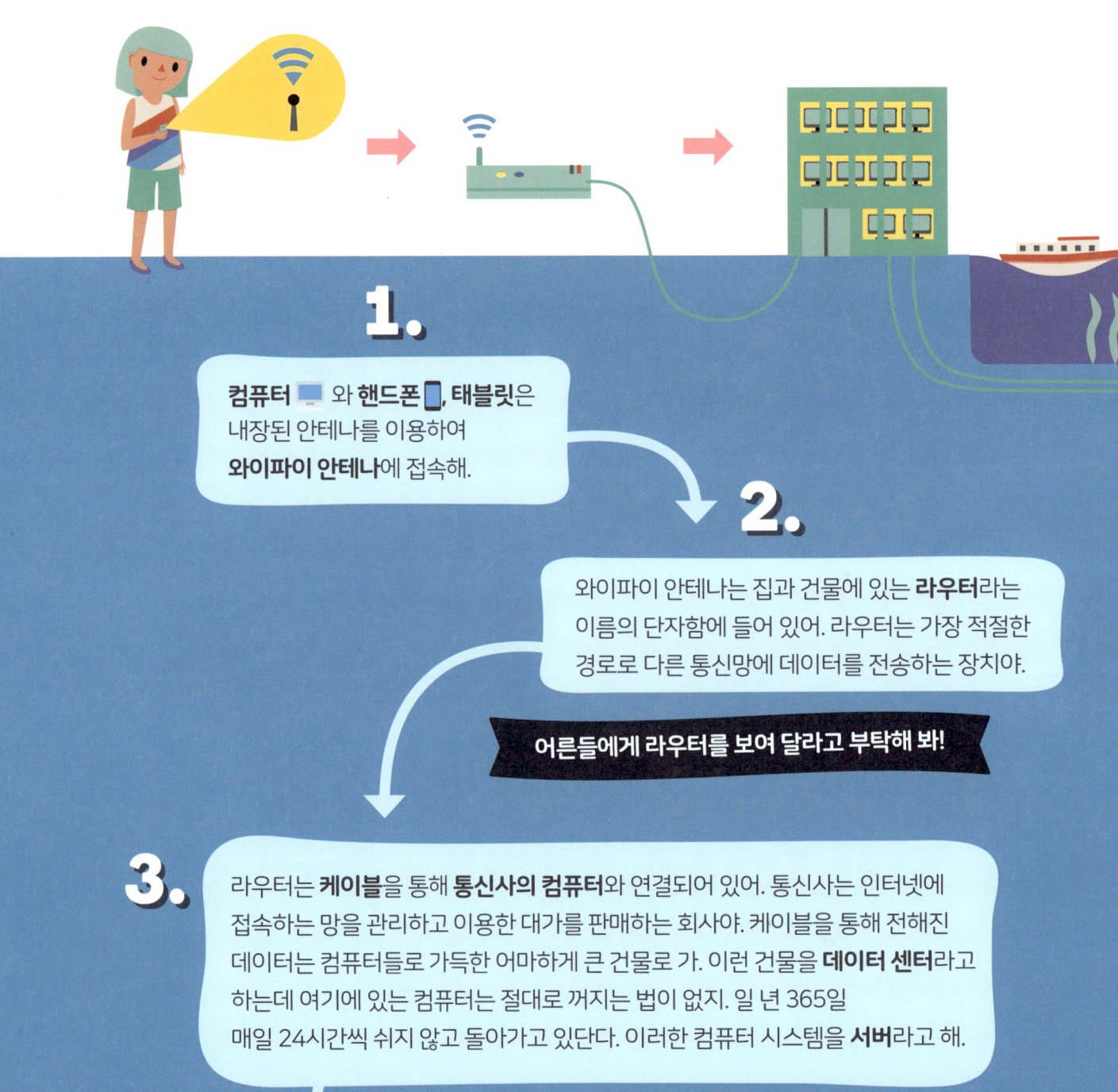

1. 컴퓨터와 핸드폰, 태블릿은 내장된 안테나를 이용하여 **와이파이 안테나**에 접속해.

2. 와이파이 안테나는 집과 건물에 있는 **라우터**라는 이름의 단자함에 들어 있어. 라우터는 가장 적절한 경로로 다른 통신망에 데이터를 전송하는 장치야.

어른들에게 라우터를 보여 달라고 부탁해 봐!

3. 라우터는 **케이블**을 통해 **통신사의 컴퓨터**와 연결되어 있어. 통신사는 인터넷에 접속하는 망을 관리하고 이용한 대가를 판매하는 회사야. 케이블을 통해 전해진 데이터는 컴퓨터들로 가득한 어마하게 큰 건물로 가. 이런 건물을 **데이터 센터**라고 하는데 여기에 있는 컴퓨터는 절대로 꺼지는 법이 없지. 일 년 365일 매일 24시간씩 쉬지 않고 돌아가고 있단다. 이러한 컴퓨터 시스템을 **서버**라고 해.

4. 서버는 우주 공간에 있는 인공위성과 연결되어 있어. 놀랍지?

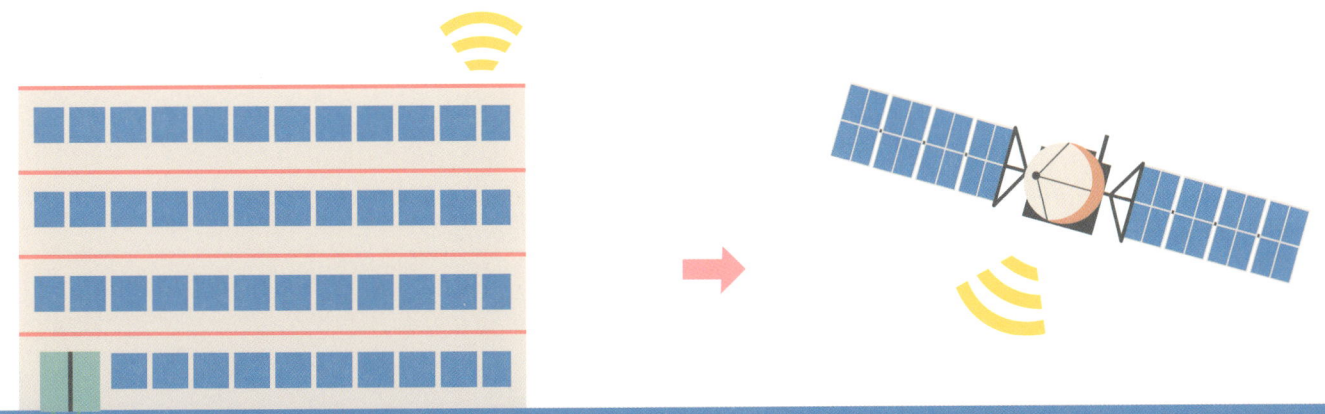

세계 지도에 그려진 붉은 표시는 전 대륙에 퍼져 있는 인터넷 분배 센터야. 🌍
하얀 점선은 지하나 바다 밑을 지나는 케이블인데 위치가 정확하게 표기된 건 아니지만
케이블이 어떻게 연결되어 있는지 볼 수 있을 거야.
가장 중요한 건 인터넷이 어마어마하게 많은 컴퓨터가 연결된 통신망이란 사실을
이해하는 거야. 💻

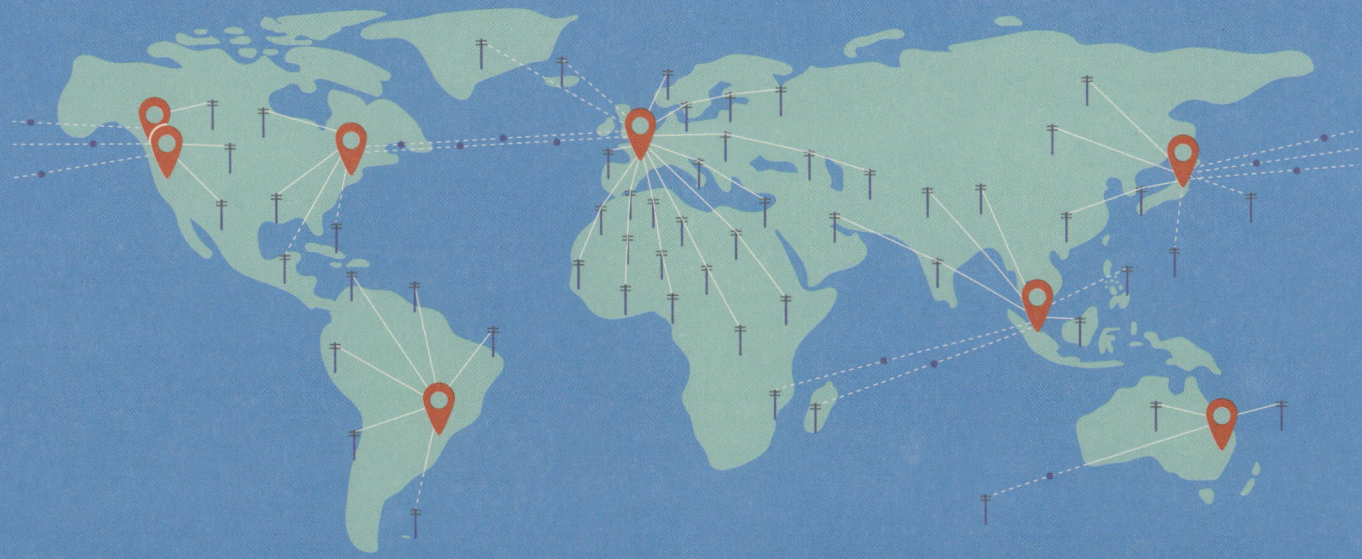

기억해 두렴! 온라인 세상은 케이블을 통해야만 갈 수 있어. 만약 누군가가 이 케이블을 자르면 온라인 세상과 연결될 수 없는 거야. 💩

인터넷에 대한 질문과 답

정보를 올리는 사람은 누구일까?

누구나 인터넷에 정보를 올릴 수 있어.
웹 페이지를 만들 수 있고 원하는 콘텐츠를 작성할 수 있지.
웹 페이지는 인터넷에 있는 웹 문서인데 하이퍼링크로 연결할 수 있어.
웹 페이지엔 정보를 올릴 수도 있고 내 생각을 올릴 수도 있어.
동영상과 사진도 올릴 수 있지.

 **언제나 정보가 믿을 만한 것인지 잘 살펴봐야 해!**

인터넷은 누가 관리할까? 어떤 정보와 콘텐츠를 올릴지 누가 결정할까?

인터넷으로 연결된 사이트마다 관리하는 사람들과 기관이 있어. 하지만 정보와 콘텐츠를 올릴지 말지, 전체 공개로 할지, 비공개로 할지는 작성하는 사람이 결정해. 물론 사이트마다 규정한 방침에 어긋나는 콘텐츠를 올리는 걸 자동으로 차단하기도 해.

이건 내가 원치 않아도 누군가 나에 대한 정보를 올릴 수도 있다는 거야.

정보의 출처가 믿을 만한지 확인하는 방법

1. 웹 페이지 주소 앞에 자물쇠 모양이 나타나 있는지 눈여겨봐야 해. 이 사이트는 보안을 인증받았다는 것을 의미하는 거야.

2. 콘텐츠를 볼 때는 작성자와 작성일을 밝혀 놓았는지 확인해야 해.

검색 엔진이 뭘까?

인터넷엔 매일 엄청난 양의 정보가 쌓여. 이 많은 정보 중에서 나한테 필요한 정보를 어떻게 하면 쉽게 찾을 수 있을까? 바로 **검색 엔진**을 통해 원하는 정보를 찾을 수 있어.
대표적인 검색 엔진으로 네이버와 다음 그리고 구글이 있어. 이들을 **포털 사이트**라고 해.
포털 사이트는 사람들이 인터넷에 접속할 때 기본적으로 거쳐 가도록 만들어진 사이트야.
포털 사이트에는 **검색창**이 있어.
검색창 대부분에 돋보기처럼 생긴 아이콘이 표시되어 있어. 🔍
검색창에 검색어를 입력하고 검색 버튼을 누르면 몇 초도 안 되어서 웹 페이지부터 블로그, 기사, 책 등 검색어와 관련한 여러 콘텐츠가 뜰 거야.
이용자 수가 많고 보유한 정보양이 많은 포털 사이트일수록 검색 결과가 많이 보여질 거야.

검색 엔진이 어떻게 작동할까?

포털 사이트는 콘텐츠를 찾는 걸 도와주는데 두 가지 사실에 주목해서 찾아 줘. 😵
얼마나 많은 사람이 그 콘텐츠를 클릭했는지, 내가 찾는 것과 얼마나 비슷한지를 따져 봐. 🥰
만약에 내가 검색창에 '고양이, 점프, 집'이라고 썼다면
'**고양이**가 **점프**하는 **집**'이라고 제목이 붙은 웹 페이지와 동영상이 뜰 거야.
주로 조회수가 가장 높은 것이 최상단에 나올 거야.

링크란 무엇일까?

링크는 다른 콘텐츠 안에 들어 있는
특정 콘텐츠의 인터넷 주소를 말하는 거야.
링크는 '연결'을 의미하는 영어야.
콘텐츠는 링크를 통해 다른 콘텐츠로
빠르게 이동할 수 있어.

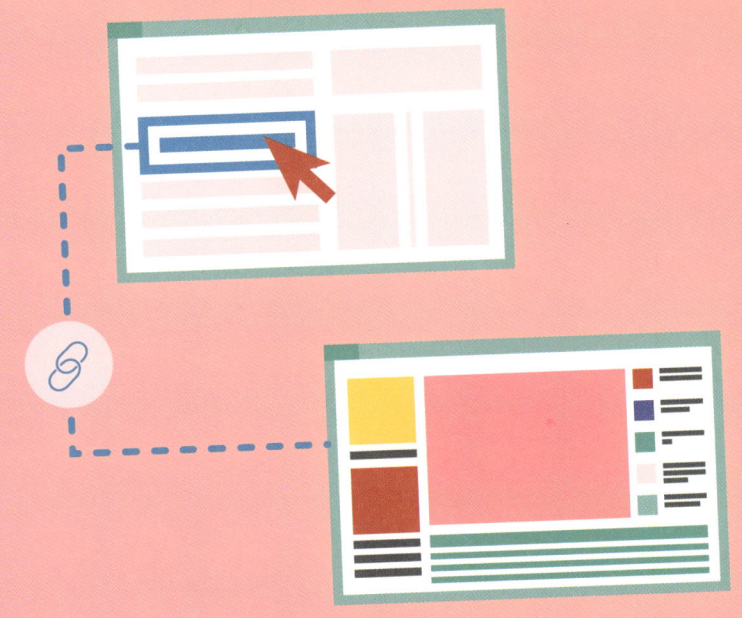

유튜버들의 말은 언제나 옳을까?

유튜버들이 영상을 올릴 때 그 주제의 전문가가 영상을 검토하고
틀린 내용이 없는지 확인한 후에 올리지 않아.
어떤 주제에 전문가인 유튜버들도 있겠지만 유튜버의 이야기를
들을 때는 무조건 옳다고 믿지 않았으면 좋겠어.
다른 의견은 없는지, 정보가 옳은지 비판적인 시각으로
보는 게 더 도움이 될 거야.

이용 약관은 무엇일까?

이용 약관은 어떤 사이트에 가입할 때 사이트를 이용하면서
지켜야 할 일들과 그 사이트의 운영 방침을 알려 주는 거야.
일종의 계약서 같은 거지.
이용 약관 대부분이 이용자가 받아들일지 말지를 선택하게 되어 있어.
그런데 어떤 사이트에선 개인 정보를 마케팅을 위해 제공하라고
요구할 때가 있어. 게다가 그 제안에 동의해야만 가입을 가능하게
해 두었지. 이런 경우에는 신중하게 생각해 봐.
내 개인 정보를 제공할 만큼 그 사이트를 이용할 만한지 말이야.
항상 어떤 사이트에 가입하기 전엔 이용 약관을 꼼꼼하게 읽어 보도록 해.

인터넷에선 완벽하게 지울 수 없다고 이야기하는 이유가 뭘까?

연필로 쓴 건 지우개로 깨끗하게 지울 수 있어. 하지만 인터넷에선 모든 게 완벽하게 지워지지 않아. 🤨
우리가 인터넷에 올리거나 공유하는 콘텐츠는 케이블과 서버를 통해 빠르게 전해지는데
그 과정에서 콘텐츠는 복사되고 보관돼. 누군가는 그걸 내려받아서 자기 컴퓨터에 보관할 수도 있지.
내가 인터넷에 올린 걸 지워도 어딘가에 그 콘텐츠가 남아 있을 수 있다는 거야.

다른 질문이 더 있니? 🧐
인터넷을 더 잘 이해하려면 두 가지 방법이 있는데, 첫 번째는 인터넷을 잘 아는 어른에게 질문하는 방법이고, 그런 어른이 없을 때는 두 번째 방법, 포털 사이트에서 찾아보는 거야.

인터넷에서 뭔가를 지우면 '프론트엔드'에선 지워지지만, 백엔드에선 지워지지 않아. 프론트엔드는 인터넷 사용자에게 시각적으로 보이는 부분이고 백엔드는 데이터베이스 공간으로 보이지 않는 부분이지. 예를 들면 벽에 페인트를 덧칠해서 색깔을 바꿨어. 그럼 이전 색은 보이지 않지만 감춰져 있는 셈이지. 인터넷도 마찬가지야. 보이는 곳에서는 지워져도 복사본이 남아 있다는 거야. 😥

4. 인터넷 용어들을 알아보자

누군가 새로운 것을 발명했다면 관련 용어들도 함께 만들어져.
인터넷 세상에선 새로운 용어가 계속 만들어지고 있어. 🤔
인터넷 밖에서 쓰일 때와 뜻이 다른 용어들도 있지. 함께 살펴보자.

친구

SNS에서의 '친구'는 현실에서 만나는 친구와 똑같지 않아.
SNS에 올린 글과 사진, 영상에 관심이 있어서 꾸준히 와서 보고 싶을 때,
우리는 상대방 SNS에 친구 신청을 해. 그래서 그 사람이 수락하면 친구 사이가
되는 거야. SNS 계정을 통해 친구가 된 사람을 가리켜 '팔로워'라고 해.
학교에서 만나는 친구들과 인터넷에서 만나는 친구의 다른 점이 무엇인지
친구들과 이야기해 보렴.

앱

앱은 '애플리케이션'이란 말의 줄임말로
핸드폰, 태블릿, 컴퓨터에 설치하는
프로그램이야.
인터넷 포털 사이트, 사진, 카메라, SNS,
게임, 은행, 건강 관리 등 다양한 종류의
앱들이 있어. 앱은 앱 스토어에서 필요한
앱을 내려받아서 쓰면 돼. 무료로 제공하는
앱들이 많은데 돈을 주고 사야 하는 앱들도
있어. 일 년마다 정해진 돈을 내고 구독하는
형태로 쓰기도 한단다. 📱

네가 자주 쓰는 앱은 뭐야?
혹시 직접 만들어 보고 싶은
앱이 있을까?
어떤 기능을 가진 앱을 만들고 싶어?
누가 그 앱을 쓸 것 같아?
그 앱을 왜 쓰는 걸까?

직접 앱을 설계해 보렴!

자동 완성 기능

핸드폰 메시지 창에 단어를 입력할 때, 다 쓰기도 전에 같은 초성으로 시작하는 단어들을 제시하는 걸 봤을 거야.
네가 쓰려던 말이 아닌데 핸드폰에서 비슷하지만 다른 말로 바꿔 준 적도 있을 거야. 이게 바로 자동 완성 기능이야. 자동 완성 기능이 편리한 점도 있지만 원하지 않는 단어로 바뀌는 게 불편해서 이 기능을 끄고 쓰는 사람들도 있단다. 자동 완성 기능을 켜 두었다면 메시지를 전송하기 전에 반드시 네가 원하는 내용을 썼는지 살펴봐. 👌

> 그 사람이 어떤 사람인지 알고 싶을 때, 아바타를 보는 것으로 충분하지 않아.

> 온라인에서 너를 표현할 아바타를 그려 봐.

아바타

인터넷에서 누군가를 대표하는 그림이나 사진을 아바타라고 해.
사람들 대부분이 자기와 닮은 아바타를 선택하지만, 가끔 엉뚱한 사람을 떠올리게 하고픈 사람도 있어서 진짜 모습과는 전혀 다른 모습의 아바타를 만들기도 해. 예를 들어 자신의 성별을 바꿔서 만들거나 나이를 속여서 만드는 경우도 있어. 🤔

채팅

인터넷에서 메시지를 보내거나 음성을 보내며 서로 이야기를 주고받는 거야. 온라인에서 대화를 이어 갈 때 '채팅한다.'라고 이야기하지.

> 하이루, 방가방가!

> 시간 있나? 채팅방으로 고고씽!

> 왜왜? 나 바쁜데.

공유

'공유'라는 말은 여러 사람이 한 물건을 공동으로 가졌을 때 쓰는 말이야. 그런데 인터넷에 쓰는 '공유'는 콘텐츠를 전하거나 공개하는 것을 말해. 콘텐츠는 음악이나 사진, 동영상, 텍스트 등이 될 수 있지. 공유가 여러 사람들과 나눈다는 의미에서 좋은 거라고 이야기할 수도 있지만 누군가 그 콘텐츠를 원치 않는 방향으로 사용할 수도 있기 때문에 공유할 때는 신중하게 생각해 보고 하는 게 좋아. 😪

내려받기

영어 '다운로드'와 같은 의미로 인터넷에선 파일을 컴퓨터나 핸드폰, 태블릿에 복사할 때 쓰는 말이야. 예를 들어서 포털 사이트에서 필요한 이미지를 찾으면 다운로드 버튼을 눌러서 내 컴퓨터에 저장할 수 있어. 반대로 '업로드'는 인터넷에 파일을 올리는 거야. 다운로드할 때는 내 컴퓨터에 저장할 공간이 충분한지도 봐야 하고 사용 가능한 형식의 파일인지도 확인해야 해. 또한 바이러스에 걸린 건 아닌지도 확인해 볼 필요가 있어. 😳

이모티콘

이모티콘은 인터넷에서 동작, 사물, 감정 등을 나타내는 그림 문자야. 상징적인 이미지를 통해 감정과 메시지를 빠르게 표현하지. 다음의 예를 한번 살펴보자. 이모티콘이 더해지면서 같은 말도 느낌이 달라지는 걸 알겠니?

감사합니다. 😠   감사합니다.   감사합니다.   감사합니다.   감사합니다.

이모티콘 퀴즈 게임

최초의 이모티콘은 하트였고 일본에서 만들어졌어.
어떤 아저씨가 팔고 싶은 물건 옆에 하트 이모티콘을 그려 넣으니까 그 물건이 더 빨리 팔렸지.
간단한 기호와 부호로 만든 이모티콘은 글과 함께 쓰면 감정도 함께 표현해 주지.
지금은 거의 모든 채팅에서 이모티콘을 쓰고 있어. 🤩

어떤 사람들이 24시간 동안 이모티콘만 써서 대화를 이어 가는 실험을 해 봤단다. 정말 재미있긴 한데 상당히 어렵다고 고백했어. 이모티콘만으로 다음 메시지를 전한다고 상상해 봐.

"5시에 치과에 가고, 그다음엔 개에게 줄 사료를 사러 갈 거야. 그러니 우리는 8시에 만나 저녁 식사를 하자. 그때 보자!" 😂

이모티콘만 써서 책을 쓰기도 했어. 《성경》과 《모비딕》이란 유명한 책을 말이야. 🤓 이모티콘으로 쓰인 책을 해석해 보라고 한다면 이것도 멋진 일이 아닐까?

너를 놀이에 초대할게!

아래 이모티콘을 보고 표현할 수 있는 문장을 떠올려 봐. 그다음 그 문장을 친구들에게 이모티콘만 사용해서 이야기해 보렴. 네 말을 잘 알아들었는지 손가락으로 이모티콘을 가리켜 보렴. 많이 웃을 준비를 해야 할 거야!

태그 달기

태그는 검색하는 데 도움이 되지. 예를 들어 네가 SNS에 사진을 올리면서 사진에 나오는 사람이 누구인지 알려 주고 싶다면 이름을 태그로 달면 돼. 예를 들어 니나가 이그나시오와 라우라와 함께 사진을 찍었다고 해 보자. 📸 니나가 사진을 올리면서 이그나시오와 라우라를 태그하는 거야. 그러면 이그나시오의 친구가 니나의 친구가 아니더라도 사진을 볼 수 있지. 네가 SNS 계정을 가지고 있으면 네 친구가 너를 태그를 해도 되는지, 그 여부를 네가 선택할 수 있어.

태그 달기는 양쪽으로 작용해. 태그 대상이 될지 선택하는 것은 네 선택 사항이지만, 네 친구의 선택 사항이기도 해. 그래서 언제나 태그하기 전에 물어봐야 해.

팬

팬은 어떤 사물이나 사람을 숭배하거나 추종하는 사람을 의미하는 거야. 가수들이나 스타들에겐 팬이 있는 것이 당연해. 🤩 그러나 오늘날엔 SNS로 유명해진 사람들에게도 팬이 많이 생겼단다.

해시태그

샵(#) 기호 뒤에 쉼표나 마침표 없이 특정한 단어나 문장을 띄어 쓰지 않고 붙여서 쓴 걸 해시태그라고 해.
해시태그는 SNS에서 검색할 때 유용하지. 예를 들어 성탄절에 누군가 SNS에 성탄절 사진을 공개했다면, 이 사진에 '#성탄절'이라고 해시태그를 붙이는 거야. 🎄
왜냐고? 성탄절 사진을 올린 사람들과 함께하고 싶어서야.
검색창에 '#성탄절'이라고 치면 같은 해시태그를 달고 공개한 모든 사진과 동영상을 볼 수 있단다.

해시태그로 사람들에게 메시지를 전하여 행동을 이끄는 것을 **해시태그** 운동이라고 해.

어떤 해시태그를 만들어 봤니?
뭘 이야기하고 싶었어?

디지털 지문

손가락 끝에 있는 무늬를 지문이라고 해. ✋
전 세계에 똑같은 지문을 가진 사람은 단 한 사람도 없어. 이러한 지문의 특성을 본따 만들어진 '디지털 지문'이라는 기술이 있어. 인터넷에서 콘텐츠를 구매할 때 구매한 사람의 정보를 넣어서 불법으로 콘텐츠를 배포하지 못하게 하는 거야. 만약 불법으로 배포하면?
디지털 지문을 추적해 배포자를 찾는 거야.

좋아요

'좋아요'는 SNS에서 사진이나 동영상 등의 게시물이 좋았다는 걸 표현할 때 써. 붉은 하트나 엄지손가락만 치켜 뜬 손을 그 기호로 쓰고 있어. 👍
그런데 하나 조심할 게 있어.
누군가 콘텐츠에 '좋아요' 표시를 했다는 건 그 콘텐츠가 마음에 들었다는 거야.
'좋아요' 수가 적다고 해서 자기 자신을 비하하거나 다른 사람이 자길 좋아하지 않는다고 오해하지 않았으면 좋겠어.

항해하다

"인터넷을 항해하다."와 같은 말을 들어 봤니? ⛵
인터넷에선 웹 페이지가 다른 웹 페이지와 연결되어 있어. 연결된 웹 페이지를 클릭해서 계속 나아가다 보면 난생 처음 보는 웹 페이지가 나올 수도 있어. 물론 거기가 끝이 아니지.
이러한 상황이 끝없이 펼쳐진 바다 위를 항해하는 것과 같아서 웹 페이지를 타고 인터넷을 이용할 때 '항해하다.'라고 표현하는 거야.
인터넷에서 길을 잃고 헤매지 않으려면 무엇을 찾고 있는지 확실하게 해야 해. 바다처럼 어마어마하게 넓으니까 말이야. 🌊

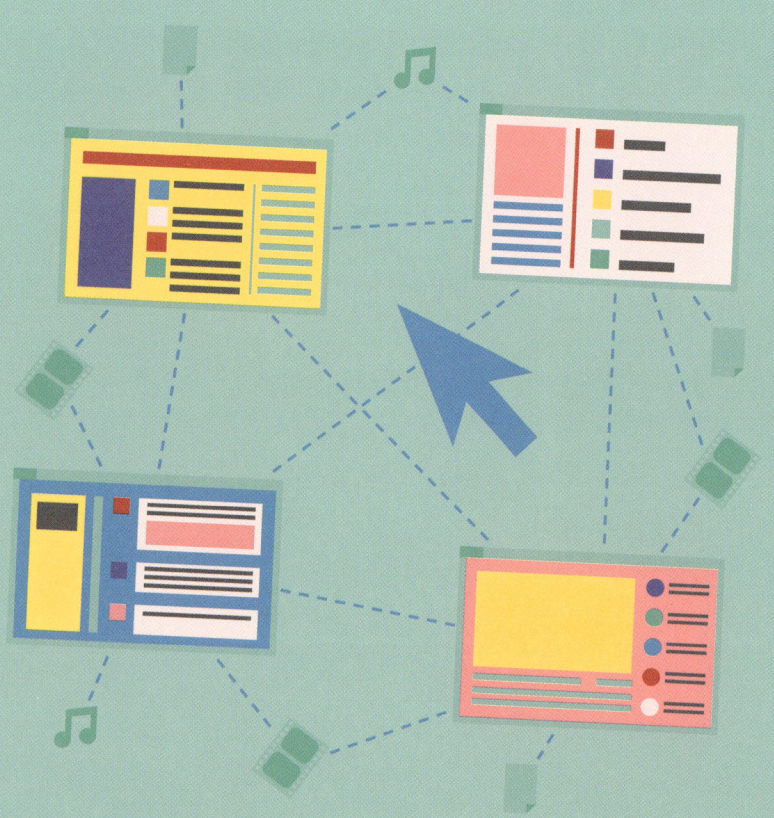

스크린 숏

스크린 숏은 컴퓨터 모니터나 핸드폰 액정 화면에 뜬 이미지나 정보를 저장하는 가장 손쉬운 방법이야. 화면을 사진으로 찍어서 파일로 저장하는 것이지. '캡처'라고도 많이 말해.
스크린 숏을 통해 인터넷에 올린 콘텐츠를 쉽게 복제할 수 있어서 어떤 사이트에서는 스크릿 숏이나 캡처를 못하도록 막아 놓기도 한단다.

프로필

사람들이 자신에 대한 정보를 SNS에 요약해서 올린 거야. 프로필에는 이름, 나이, 기호, 성별 등이 있는데 주로 알리고 싶은 정보들을 올려.
프로필에 나온 정보가 정확한지 확인하는 사람이 없어. 대부분 거짓말하지 않을 거라고 여기니까.

유감스럽게도 SNS 프로필을 거짓말로 쓰는 사람도 있어.
그래서 다른 사람들의 프로필에 쓰인 것을 있는 그대로 믿어선 안 돼.

공개와 비공개

웹사이트에 콘텐츠를 올릴 때, 모든 사람이
자유롭게 볼 수 있게 하는 게 '공개' 상태야.
'비공개' 상태는 나만 그 콘텐츠를 볼 수 있어.
'친구에게만 공개'도 있어.
이건 나와 친구인 사람만 볼 수 있게 하는 거야. 👋

셀피

내가 직접 찍은 내 사진이야. 🤳
어쩌면 셀프 카메라를 줄여 부르는 '셀카'라는 표현이
익숙할 수도 있을 거야. 셀피는 혼자 찍을 수 있고,
친구들과 함께 찍었을 수도 있어.
많은 사람과 셀피를 찍었을 때는 이 사진을 공개해도
되는지 같이 사진을 찍은 사람에게 물어 봐.

스킨

온라인 게임과 블로그 등에서 배경 화면을 바꿀 수 있는데
그걸 스킨이라고 해. 내가 좋아하는 취향과 다른 사람에게
보이고 싶은 이미지에 따라 스킨을 고를 수 있어.
돈을 주고 구입할 수 있고 무료로도 구할 수 있어.
또 내가 가진 이미지를 사용할 수도 있지. 👿
게임에선 내 캐릭터의 모습을 선택하고 옷과 악세서리 등을
사서 꾸미기도 해.

스토리

SNS에서 스토리는 몇 시간 후에 지워지는 콘텐츠야. 사진이나 영상에 스티커를 붙이거나 글을 적어 넣을 수 있어. 친구를 '태그'할 수도 있지. 스토리는 내가 지금 무엇을 하는지 친구들에게 바로 알릴 수 있지. 스토리는 몇 시간 후면 지워지지만 누구든지 언제나 콘텐츠를 내려받거나 스크린 숏으로 찍어서 보관할 수 있다는 점을 명심해. 👀

유튜버

유튜브에 정기적으로 콘텐츠를 올리는 사람을 말해. 사람들은 유튜버가 올린 콘텐츠가 마음에 들면 그 채널을 구독해. 구독을 하면 새 콘텐츠가 올라올 때마다 소식을 전해 받아.
책을 소개하는 유튜버, 여행지를 소개하는 유튜버, 자기 일상을 보여 주는 유튜버 등 유튜브에는 다양한 콘텐츠를 전하는 유튜버들이 정말 많단다. 😎

누가 인터넷 용어를 만들어 낼까?

누구나 용어를 만들어 낼 수 있어. 대부분 필요에 따라 만들어지지. 누군가 뭔가를 발명하면 가장 먼저 해야 할 일이 이름을 붙이는 거야. 아이가 태어났을 때, 가장 먼저 하는 일이 아이의 이름을 짓는 것이잖아. 안 그래?

디지털이 뭘까?

프로그래머와 개발자 혹은 해커들은 0과 1로 이루어진 언어를 사용해. 인터넷에서 사용하는 보편적인 언어야. 이처럼 모든 정보를 0과 1로 바꾸는 방식을 '디지털'이라고 해. 우리가 사용하는 컴퓨터, 핸드폰, 태블릿 등 디지털 정보를 다루는 기계를 디지털 기기라고 해.

5. 소셜 네트워크 서비스, SNS를 아니?

다음 아이콘 중에서 몇 개를 알고 있니?

페이스북, 핀터레스트, 인스타그램, 구글 플러스 등 이 책을 쓸 때 많이 알려진 소셜 네트워크들이야. 하지만 인터넷에서는 모든 것이 빠르게 변하니까 이 책을 읽을 때쯤엔 다른 것들이 많이 나왔겠지?

소셜 네트워크 서비스란 무엇일까?

소셜 네트워크 서비스는 인터넷에서 다른 사람들과 교류할 수 있게 해 주는 거야.
인터넷에서 자신의 생각과 여러 정보를 사람들과 나누며 사회적 관계를 맺는 거야.
네트워크를 통해 사람들이 웹에서 실로 연결된 그물망처럼 서로 연결돼 있기 때문에 가능한 거지. 한마디로 **소셜 네트워크 서비스는 웹에서 여러 사람들로 이뤄진 네트워크 서비스**로 영어 약자로 SNS라고 해.

사실 학교도 인터넷 밖에 존재하는 일종의 소셜 네트워크야. 하지만 학교에선 아무래도 같은 학교 학생이 아니면 관계를 맺고 친구가 되는 것이 어려워. 그러나 인터넷에서는 학교 친구만이 아닌 학원 친구들, 사촌, 가족은 물론 전혀 만난 적 없는 다른 나라 사람까지도 만날 수 있어.
소셜 네트워크 서비스로 만날 수 있는 사람의 수는 무제한이라고 말할 수 있는 거지.

SNS는 어떻게 작동할까?

SNS마다 특징이 있어.
예를 들면 사진으로 소통하는 SNS가 있고,
서로 대화를 공유하는 게 중요한 SNS가 있지.
그러나 모든 SNS의 공통점이 있어.
바로 프로필이야. 다른 사람에게 보여 주고 싶은 기록,
너를 알려 주는 정보가 있다는 거야.
물론 사람들은 적고 싶고, 알리고 싶은 정보만
골라서 올려.

아래 칸을 채워 프로필을 완성해 봐!

이름
나이
성별
더 소개하고 싶은 것들

SNS를 알아보자

SNS는 여러 사람들로 이뤄진 커뮤니티야
커뮤니티는 공동 사회라는 뜻이야

SNS에 따라 다르지만 커뮤니티는 보통
친구들이나 팔로워들로 이뤄져.
같은 그룹으로 받아들인 사람들이지.
커뮤니티 안에서 콘텐츠를 공개할지 아니면
커뮤니티에 속하지 않은 사람에게도 공개할지는
콘텐츠를 올리는 사람이 정한단다. 🙈

SNS에서 콘텐츠도 찾을 수 있어

SNS에서는 사진과 동영상과 음악, 글 등
여러 콘텐츠를 볼 수 있어. 🤖
마음에 드는 콘텐츠는 다른 사람과 공유할 수도 있어.
그래서 SNS에 콘텐츠를 올릴 때는 저작권 표시를
해 두는 게 좋아. 👍 저작권은 자신이 만든 저작물에
대한 창작자의 권리야. 보통 ⓒ마크나 (C) 혹은
Copyright라고 써서 저작권을 표시해.
Copyright는 저작권을 의미하는 영어야.
SNS에선 내가 무엇을 올릴지 선택할 수 있지만
내가 올린 콘텐츠를 갖고 다른 사람이 무엇을 할지는
알 수가 없다는 것을 명심하렴. 👁

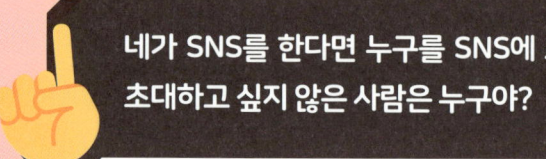

네가 SNS를 한다면 누구를 SNS에 초대할래?
초대하고 싶지 않은 사람은 누구야?

모든 SNS에는 저작권과 개인 정보를 보호하는 장치가 있어

SNS 대부분이 개인 정보와 저작권을 보호하려고 여러 장치들을 해 둬. 예를 들면 블로그에 글을 올릴 때, '마우스 오른쪽 버튼 금지 설정'을 선택할 수 있어. 마우스 오른쪽 버튼을 누르면 블로그에 올린 글이나 사진을 쉽게 복사할 수 있는데 그걸 금지하는 거야. 또 SNS를 누구에게 공개할지를 선택할 수 있어. 공개와 비공개, 친구에게만 공개를 통해서 말이야. 📝

너는 어느 쪽을 선택할래?

- 댓글이나 게시글을 친구나 팔로워만 쓸 수 있게 할래? 불특정 다수가 쓸 수 있게 할래?
- 콘텐츠를 친구나 팔로워에게만 보여 줄 거야? 불특정 다수가 볼 수 있게 할 거야?
- 누군가 너의 이름이나 이메일을 검색했을 때 너를 찾아 주는 것을 허용할래? 하지 않을래?

이 모든 걸 네가 선택할 수 있어.
나는 네가 잘 아는 사람을 SNS에 받아들였으면 좋겠어. 생각해 봐. 네가 모르는 사람이 너의 집에 들어오는 것을 허락하고 싶니?
SNS에서 모르는 사람을 받아들이는 것도 이와 똑같은 거야.

SNS에는 이용 약관이 있어

SNS를 사용할 때 지켜야 할 조건과 규칙을 정리한 것을 이용 약관이라고 해. SNS에 가입하기 전에 반드시 꼭 읽어 보면 좋겠어. 💁‍♀️🙅‍♂️

SNS에 계정을 만들려면 반드시 이용 약관을 받아들여야 할 거야. 이용 약관에는 SNS 관리자가 가입자의 정보와 가입자가 공개한 것들을 확인할 수 있게 해 줘야 한다는 조항도 있단다.

SNS로 무엇을 할 수 있을까?

친구를 만들 수 있어

SNS에서 친구는 네가 아는 사람일 수도 있지만 실제로 만난 적이 없는 사람일 수도 있어. 인터넷에서만 만나고 소통하는 사람처럼 말이야. 실제로 네가 만나는 친구와는 조금 달라. 무슨 뜻인지 알겠니?

그룹을 만들 수도 있어

친구와 팔로워들 중에서 가치관이나 취향, 취미에 따라 그룹을 나눠 묶을 수 있어. 그럼 그 그룹에 속한 사람들만 콘텐츠를 공유할 수 있게 할 수 있단다. 😎

채팅도 할 수 있지

채팅은 영어로 '수다를 떤다.'는 뜻의 챗(chat)이라는 단어에서 온 거야. 인터넷에서 아는 사람 혹은 모르는 사람과 대화를 하는 거지.
명심할 것은 네가 길거리에서 모르는 사람들과 즐겨 이야기하지 않는 것과 마찬가지로 인터넷에서도 똑같이 조심해야 한다는 점이야. 🤭

팔로워를 만들 수 있어

팔로워는 '따라다니는 사람'이란 뜻으로 팔로워가 되면 SNS에서 콘텐츠를 볼 수 있고 댓글도 달 수 있어.
팔로워도 실제로 만나 본 적이 없는 사람들이 많을 거야. 그럼에도 불구하고 SNS의 팔로워가 되면 공개된 콘텐츠를 공유하고 저장하고 보관할 수 있단다.

다른 사람 콘텐츠를 공유할 수 있어

네가 친구 혹은 팔로워가 된 SNS의 콘텐츠는 공유할 수 있어. 반대로 네 친구 혹은 너의 SNS 팔로워도 네 콘텐츠를 공유할 수 있지. 그래서 SNS를 공개 상태로 할지, 비공개 상태로 할지, 콘텐츠를 친구나 팔로워에게만 보여 줄지를 잘 선택해야 해.
인터넷에 뭐가를 올릴 때는 언제나 '내 친구가 아닌 사람들이 봐도 난 괜찮을까?'라는 질문을 먼저 해 보렴. 만약 대답이 '아니야'라면 그때는 콘텐츠를 올려선 안 되는 거야. 🤫

맞을까? 틀릴까?

 유명인의 SNS는 모두 진짜다
틀렸어. 😐 유명인을 좋아하는 팬이 만들거나 유명인을 홍보하려고 만든 SNS가 많아. 가짜 계정은 유명인만 만드는 게 아니야.
일반인도 여러 계정을 만들어서 다양한 콘텐츠를 올리니까 말이야. 💀

 **SNS는 좋은 댓글만 있지 않다**
안타깝지만 맞아. SNS에는 좋은 댓글들도 많지만 그만큼 부정적인 댓글도 많아. 댓글은 게시물을 보고 느낌이나 생각, 의견을 남기는 거야. 댓글을 보면 여러 사람의 다양한 생각을 볼 수도 있어. 하지만 일부러 다른 사람을 비난하고 비판하고 상처를 주는 댓글을 다는 사람들도 있단다. 💩

 SNS의 친구와 팔로워가 항상 나에게 우호적인 사람이 아니란 걸 명심해.

 '좋아요' 표시는 날 좋아한다는 뜻이다 🤩
틀렸어. 누군가 내 콘텐츠에 '좋아요'를 눌렀다면 그건 내가 올린 동영상이나 사진이 마음에 든다는 의미야. 나를 좋아한다는 뜻이 아니라고. 🙊

 **팔로워가 많으면 많을수록 좋다**
틀렸어. 🤮 세상엔 착한 사람도 있고 악한 사람도 있는 것과 같이 인터넷에서도 마찬가지야. 팔로워들이 모두 착한 사람인지 아닌지 알 수 없으니 팔로워 숫자가 많다고 무조건 좋다고 할 수는 없어. 🌈

 **SNS에 한 번 올린 것은 절대로 지울 수 없다**
맞아. 최근에 공개한 사진을 지운다고 해도, 인터넷에선 아무것도 지워지지 않아. SNS 관리자는 이미 내가 공개한 사진을 가지고 있어. 그뿐인가.
SNS 팔로워나 친구 중 누군가가 그 사진을 저장해 뒀을 수도 있어.

SNS에서
조심해야 할 점들을 알려 줄게

SNS는 여러 사람을 만날 수 있는 멋진 곳이기도 해. 🤩

그러나 다음 충고들을 명심하면 좋겠어.

공유는 조심해서! 🤐
인터넷에 콘텐츠를 올리면 순식간에 많은 사람에게 전해질 수 있어. 당연히 네가 아는 사람한테만 가는 게 아니야. 그래서 조심해야 해.

개인 정보를 보호해야 해!
인터넷에서는 집 주소와 전화번호와 같은 개인 정보를 공유해선 안 돼. 내가 지금 어디에 있는지 위치까지 공유하면 언제든 누군가 너를 찾아올 수 있다는 걸 명심하렴. 😢

프라이버시를 너무 많이 노출하지 마 👿
너의 모든 것들을 SNS에 보여 주지 마. 집이 어딘지, 방 안에 무엇이 있는지, 내가 지금 어디에서 무엇을 하는지와 같은 정보 말이야. 어떤 사람이 자기 SNS에 휴가 소식을 올렸는데 도둑이 그걸 이용해서 빈집을 털어 갔단다. 나쁜 사람들은 인터넷에 네가 올린 정보를 이용해서 무엇이든지 할 수 있다는 걸 알아 둬.

친절한 사람이 되어야 해! 😊

인터넷에서 사람들은 자기 얼굴이 보이지 않고 사람들과 직접 만나지 않는다는 걸 이용해서 실제로 잘 쓰지 않는 욕설을 하거나 무례하게 굴 때가 있어.
그런 사람을 만나면 기분이 좋지 않겠지? 인터넷에서 친절한 사람이 되려고 노력하렴.

SNS에 계정을 만들기 전에 잘 알아보렴 🧐

SNS에 계정을 만들기 전에 가입하려는 SNS가 어떤 식으로 운영되는지 잘 알아보렴.
뭔가 의심이 들거나 모르는 게 있으면 SNS를 잘 아는 어른에게 물어보렴.

SNS에 계정을 만들려고 나이를 바꾸지 마

SNS 대부분이 계정을 만들 때 나이 제한이 있어. 이 원칙은 어린이들을 보호하려고 만든 거야. 왜냐하면 SNS에는 어린이들에게 적합하지 않은 콘텐츠가 많기 때문이야.
그러니까 일부러 나이를 속이고 SNS에 가입하지 마렴.

누군가를 응원하고 도와주렴 📣

SNS에서 네가 응원하거나 도와주고 싶은 사람을 만나면 댓글이나 다정한 모습의 이모티콘 등으로 네 마음을 전하렴. 😍 단, 그 전에 거짓으로 이야기를 꾸며 올리는 사람인지 아닌지는 잘 살펴봤으면 좋겠어. 😂

온라인 게임을 할 때는 잘 아는 친구들과 해야 해

온라인 게임을 통해 욕설을 배우는 친구들이 많다고 들었어.
온라인 게임을 할 때는 가능하면 친구들하고 하길 권해.
온라인 게임에선 너와 비슷한 또래 친구가 아닌 어른들도 만날 수 있어.
그렇기 때문에 온라인 게임을 할 때는 더욱 조심하면 좋겠어. 🤭

6. 인터넷의 구조를 알아보자

인터넷은 끝없이 펼쳐지는 책과 같아

웹 페이지는 이름 그대로 인터넷에 올리는 문서야. 음원과 영상, 글과 이모티콘 등 다양한 형태의 콘텐츠가 담겨 있지. 웹 페이지는 하이퍼링크로 또 다른 웹 페이지와 연결되는데, 끝없이 만들 수 있단다. 그래서 인터넷을 끝없이 펼쳐지는 책과 같다고 하는 거야. 📖

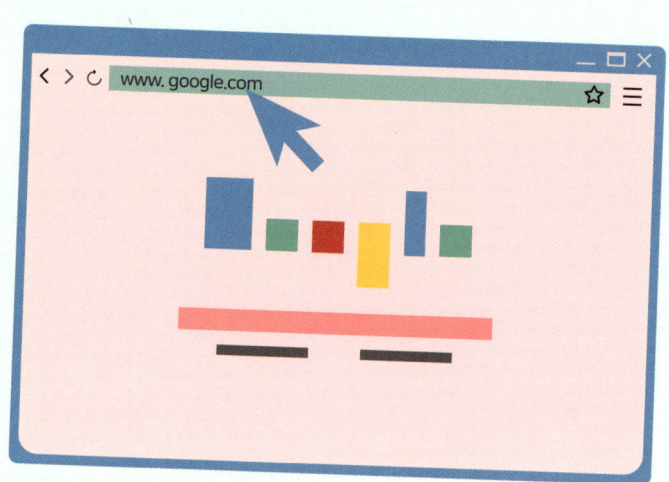

URL이 뭔지 아니?

URL은 웹 페이지를 찾아가는 주소로 웹 페이지마다 주소가 달라. 우리가 쓰는 웹사이트의 주소창을 보면 페이지의 URL을 알 수 있어. URL은 주로 www나 http로 시작해. 🤔

책을 좋아하는 다봄이가 웹사이트를 만든다면 URL은 이렇게 만들고 싶어. 이렇게 개인이 소유한 인터넷 주소를 도메인이라고 해.

www.daboombook.com

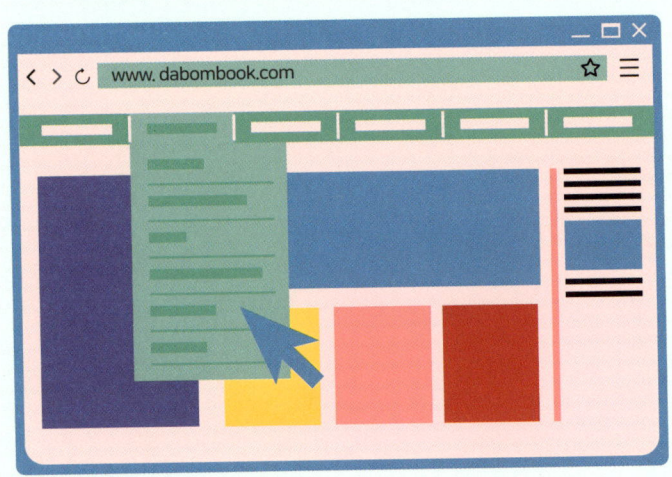

만약 다봄이가 만든 웹사이트에 다양한 주제로 웹 페이지를 여러 개 만들고 싶으면 어떻게 하면 될까? 🤓

다봄이가 주제별로 만든 웹 페이지 주소를 알려 줄게

나를 소개하는 웹 페이지 주소는 www.daboombook.com/whoiam
내 이야기를 하는 웹 페이지 주소는 www.daboombook.com/myhistory
나에게 연락하는 웹 페이지 주소는 www.daboombook.com/contactme

내가 좋아하는 게임을 소개하는 웹 페이지 주소는
www.daboombook.com/myfavoritegame
내가 받고 싶은 선물 목록을 알려 주는 웹 페이지 주소는
www.daboombook.com/giveittome
내가 하고 싶은 일들을 알려 주는 웹 페이지 주소는 www.daboombook.com/mydream

웹사이트에서 웹 페이지는 무한히 늘릴 수 있어. 웹사이트 주소 끝에는 여러 다양한 어미가 붙어.
.org는 웹사이트가 정부 기관의 것임을 알려 주고, .co.kr은 한국 사이트임을 알려 줘.
.com은 회사를 뜻하는 영어 단어 company의 약자야. 주로 회사가 만든 사이트를 나타내는데
개인이 만든 사이트에도 쓰여. URL은 세상에 각각 하나만 있어.
지금 이 순간, 이 세상에는 수십억 개 이상의 웹사이트가 있고, 그 숫자는 매일 바뀔 거야. 😱

웹 페이지를 만든다면 어떤 콘텐츠를 올릴 거니?

무엇을 알려 주는 웹 페이지야?
내가 만든 웹 페이지에 정보를 직접 올려 보자.
꼭 네 이야기를 올리라는 게 아니야.
네가 다른 사람들에게 소개하고 싶은 영화나
책 정보를 올려도 돼.
네가 지키고 싶은 대의나 신념을 소개해도 좋지.

유명한 웹사이트

세상엔 엄청나게 많은 웹사이트가 있어. 그중에서 인터넷을 이용하는 사람이라면 한 번은 들어 봤을 유명한 웹사이트를 소개해 줄게.

위키피디아

위키피디아는 '온라인 백과사전'이야. 🤩 백과사전은 수학, 과학, 식물, 동물, 공간, 우주, 음식 등 여러 주제와 관련한 지식을 한곳에 모아 놓은 책이야. 보통 여러 권으로 이뤄져 있지. 인터넷이 없던 시절에 모르는 걸 찾으려면 백과사전을 들춰서 찾아야 했어. 🤓

하지만 인터넷이 생기면서 사람들은 책에 있는 지식을 온라인에서 쉽게 검색하고 싶었어. 또 새로 생기는 지식들도 기록할 필요가 있었고 말이야. 📚

그래서 인터넷 백과사전을 만드는 프로젝트가 시작되었지. 인터넷 백과사전의 이름은 '위키피디아'로 붙여졌고 누구나 콘텐츠를 만드는 데 참여할 수 있어. 전 세계 모든 사람이 정보를 제공한다면, 학자들만 참여하는 것보다 더 다양한 지식을 모을 수 있잖아? 그래서 누구나 자신의 정보를 전할 수 있도록 위키피디아에 세상 모든 사람을 초대한 거야. 🤩 위키피디아에 있는 정보를 바꾸고 싶거나 완성하고 싶으면 너도 직접 참여할 수 있어. ✍️ 콘텐츠에 있는 '편집'을 클릭해서 네 생각과 의견을 전하는 거야. 그럼 위키피디아에서 일하는 사람이 네가 보낸 글을 읽고 사실 여부를 확인해.

네 생각이 옳다면 네가 전한 글이 실리는 거야.

위키피디아는 정말 좋은 정보의 보고야. 하지만 어떤 정보를 찾을 때 위키피디아만 전적으로 믿지는 마. 다른 웹 페이지에 올라온 정보나 책 혹은 다른 온라인 백과사전에서도 정보를 확인하면 좋겠어. 언제나 말하지만, 인터넷에 올라온 모든 정보를 완전히 믿지 않는 게 필요해. 🧐

페이스북

페이스북은 소셜 네트워크 서비스야. 세계적인 사이트이자 많은 사람이 방문하는 사이트이지. 🌎 왜 그렇게 유명하냐고? 페이스북은 개인이 자기 페이지를 쉽게 만들어서 다른 사람들과 교류할 수 있게 해 주거든. 사람들이 페이스북에 가입할 때마다, 페이스북에 연결된 사람들은 그만큼 늘어나는 거야. 그런데 페이스북과 같은 SNS에서는 누구든지 네가 올린 정보에 접근할 수 있어. 그래서 어떤 사람들은 이런 이유로 페이스북을 좋아하지 않기도 해. 페이스북은 만 열세 살 이상이 되어야 계정을 만들 수 있어.

☝ 너와 관련한 어떤 데이터든 웹사이트에 제공하기 전에 반드시 어른과 상의하면 좋겠어.

넷플릭스

넷플릭스는 인터넷으로 영화나 드라마와 같은 영상물을 쉽게 보려고 만든 사이트야. 물론 조건이 있지. 매달 일정 금액을 내야 해. 혹은 연간으로 말이야. 😝 전 세계 사람들이 이용하는 사이트이다 보니 넷플릭스의 영향력은 점점 커졌어. 예전에는 영화 제작사와 방송사에서만 만들 수 있었던 영화나 드라마를 넷플릭스에서 직접 만들어서 넷플릭스를 이용하는 사람들만 볼 수 있도록 할 정도야. 넷플릭스에는 성인용 콘텐츠와 어린이용 콘텐츠가 나눠져 있단다.

☝ 나이에 맞는 콘텐츠만 볼 것을 권해.

지구에서 가장 많은 사람이, 다양한 나라에서, 🌎 다양한 연령대의 사람들이 방문하는 웹사이트를 만들고 싶니? 어떤 것을 만들어야 할까? 혹시 찾아본 게 있니? 😱

유튜브

유튜브는 동영상을 올리거나 보기 위한 사이트야. 전 세계에서 가장 많은 사람이 이용하고 방문하는 사이트 중 하나이지. 유튜브에는 정말 다양한 주제의 동영상이 매일 엄청난 수로 올라오고 있어. 기발하고 재미있는 동영상도 있지만 욕설이나 자극적인 장면을 촬영한 동영상도 많단다. 그래서 유튜브에 올라온 동영상을 볼 때는 조심할 필요가 있어. 또 소개하는 정보가 정확한지도 살펴봐야 하고 말이야.

유튜브에 다른 사람과 공유하기 적절하지 못한 동영상을 올리는 경우가 있는데 유튜브를 운영하는 사람들이 이를 모르고 삭제하기까지 며칠이 걸릴 때도 있어. 유튜브는 폭력적인 동영상, 과도한 노출이 있는 동영상, 다른 사람을 차별하고 증오와 다툼을 유발하는 동영상, 따돌림을 유발하는 동영상은 허용하지 않는단다.

유튜브에서 동영상을 볼 때 할 수 있는 일들

> 각 사이트마다 정해 둔 규칙을 잘 지키면 좋겠어. 그리고 인터넷에선 친절한 사람이 되도록 노력하렴.

댓글을 달 수 있어

댓글은 공개되는 거야. 누구든 네가 단 댓글을 읽을 수 있고, '좋아요'와 '싫어요'로 답할 수도 있어. 댓글에 답을 달 수도 있단다.

채널을 구독할 수 있어

채널을 구독하는 건 그 채널에 올라오는 영상을 계속 보고 싶다는 거야. 새로운 동영상이 올라올 때마다 알려 주니까 말이야.

동영상에 '좋아요' 혹은 '싫어요'로 내 의견을 전할 수 있어

동영상이 마음에 드는지 아닌지를 밝힐 수 있어. 인터넷에서는 이를 '평가'라고 해. 콘텐츠에 대한 평가야.

동영상을 공유할 수 있어

인터넷에선 언제나 다른 이용자와 콘텐츠를 공유할 수 있어. 동영상도 마찬가지야. 다른 사람이 유튜브에 남긴 콘텐츠를 공유할 수 있듯이, 다른 사람도 네가 올린 콘텐츠를 공유할 수 있어. 🤠

한쪽으로 치우친 주제에 빠질 수 있어

유튜브는 네가 본 동영상과 비슷한 주제의 동영상들을 계속 추천할 거야. 인공 지능이 네가 검색하고 찾아보는 정보에 따라 이어서 볼 동영상을 추천해 주는 거란다. 그래서 유튜브에서는 한쪽으로 편향된 정보들을 계속 볼 수 있다는 걸 명심하렴. 🐺

> 동영상을 올리고 볼 수 있는 또 다른 유명 사이트로는 틱톡이 있어.

포털 사이트와 웹 브라우저

포털 사이트는 사람들이 여러 정보와 사이트 주소를 찾는 걸 도와줘. 😮
처음에 포털 사이트는 검색 엔진 혹은 검색 사이트라고 불렸어. 인터넷에 있는 사이트 주소만 해도 수십억 개가 넘는데 그 사이트 주소를 전부 외울 수는 없잖아. 😱
그래서 사이트 주소를 찾는 검색 엔진을 만들었고, 사람들이 검색 엔진을 많이 이용하며 여러 다양한 종류의 콘텐츠가 올라와, 포털 사이트로 이름이 바뀌었단다.

누구나 한 번쯤 들어 봤을 포털 사이트 이름은 바로 구글과 네이버, 다음이야.

구글은 언제나 옳다고 말하는 사람들이 있어. 물론 사실이 아니야.
구글은 단지 수십억 개의 웹사이트를 연결하는 다리와 같은 역할을 할 뿐이야.
네이버와 다음도 마찬가지이지. 우리에게 필요한 걸 찾을 수 있게 도와주지.
구글은 우리가 검색한 것과 일치하는 모든 웹 페이지를 천분의 일 초도 안 되어서 찾아 줄 거야.
그동안 다른 사람들이 같은 검색어를 입력했을 때 가장 많이 방문하고 높이 평가한 페이지를 추천하는 거란다. 우리가 쓰는 언어와 사는 나라도 고려해서 말이야. 검색을 할 때는 가능하면 구체적으로 써야 해. 물론 포털 사이트에서 보여 주는 게 언제나 '정확한 대답'이 아니야.
우리가 찾는 것과 일치하는 결과물을 보여 주려고 노력할 뿐이니까 말이야.
예를 들면 나에게 가장 맛있는 햄버거가 무엇인지는 내가 결정하는 거야. 🍔
포털 사이트에서 알려 주는 정보로는 정확한 답을 알 수 없지. 😌

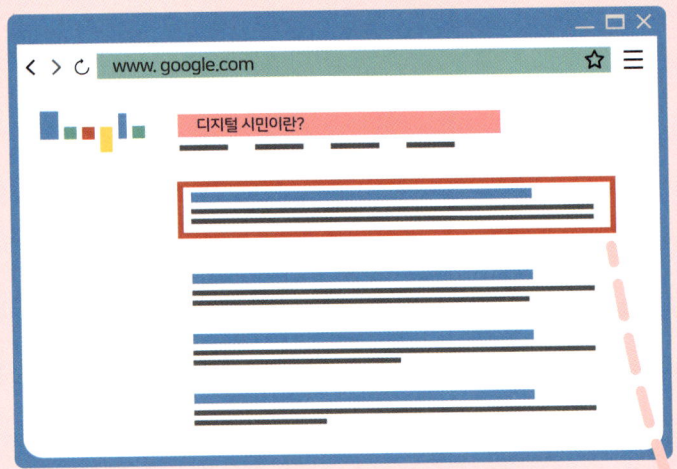

또, 포털 사이트마다 검색할 때
광고하는 정보들을 먼저 보여 주게 되어 있어.
검색 결과를 볼 때 옆이나 하단에
'광고' 혹은 'add'라고 적힌 걸 눈여겨보렴.
add는 광고를 뜻하는 영어 'advertisement'의 약자란다.
관련한 주제를 검색할 때 가장 먼저 보게끔
포털 사이트에 광고비를 낸 거란다.

> 그러니까 반드시 내가 찾는 것이 아닐 수도 있어.

웹 브라우저

인터넷에서 정보를 검색할 때 사용하는 프로그램이야.
웹사이트에 접속하고 웹 페이지를 볼 수 있게 해 줘.

사파리

애플사가 만든 기기들과 밀접하게 연결된 웹 브라우저야.
애플 제품을 이용하는 사람들이 잘 쓰고 보완도 잘 되며 속도로 빨라. 😉

크롬

구글이 개발한 웹 브라우저로 공식적으로는 2008년에 출시되었어. 인터넷에 접속하는 사람 중 절반이 크롬을 쓰고 있다고 해.

파이어폭스

가장 오래된 웹 브라우저 중 하나야.
한국에서는 사파리나 크롬에 비해 다소 낯설지만,
2003년에 공개된 이후에 인도네시아, 이란, 폴란드, 독일에서 많이 사용하고 있어.
안정적이고 안전하고 빠르다는 장점이 있는
웹 브라우저야.

> 만약 네가 웹 브라우저를 만든다면 어떤 이름을 붙이고 싶니?

7. 인터넷에서 다른 사람을 대하는 법

인터넷에선 엄청나게 많은 사람과 어울릴 수 있어. 수백, 수천만 명의 사람과 연결되어 있으니까 말이야.
마치 커다란 마이크를 들고 청중이 가득 찬 무대에 서 있는 것과 같지.
다만 무대와 관객들 사이에 커튼이 처져 있어서 관객들을 볼 수 없는 것이지.
오직 모니터만 보이는 셈이야. 🙋

네가 뭔가를 읽고 있다면,

누군가 글을 써서 올렸다는 것이고 지구 반대편에 있는 다른 사람이 네가 읽는 글을 읽을 수도 있다는 거야. 그것도 동시에 말이야!

네가 동영상을 보고 있다면,

누군가 동영상을 만들어 올렸고 지구 반대편에 있는 다른 사람이 똑같은 동영상을 너와 동시에 보고 있을 수 있다는 거야.

> 인터넷에 접속해 있다는 건, 언제나 다른 사람과 함께 있는 셈이야. 🤩

네가 게시물에 댓글을 달면,

누군가 댓글을 읽고 답글을 달지도 몰라.
그러면서 수다도 떨고 대화나 토론을 할 수도 있지.
인터넷에선 혼자 있는 게 아니야.

우리가 곧 인터넷이야!

인터넷으로 온라인 세상에서 만나는 사람들이 가짜일까?
아니, 그렇지 않아. 모두 실제로 현실에 존재하는 사람들이야.

인터넷은 사람들이 함께하지 않는다면 존재할 수 없어.

인터넷으로 연결된 온라인 세상은 실제 세상과 같아.

하나의 통신망에 사람들이 연결된 거야.

소셜 네트워크에도 우리와 똑같은 사람들이 있단다.

인터넷에선 우리가 어떻게 행동하느냐에 따라 다른 사람에게 많은 영향을 미친단다. 좋은 영향일 수도 있고, 나쁜 영향일 수도 있지.

누군가를 컴퓨터, 핸드폰, 태블릿으로 소통하지 않고 직접 만나서 이야기할 때 넌 어떻게 행동하니?

다음 질문에 대답해 봐

다른 사람을 대할 때 이렇게 해야 한다고 배웠어.

인터넷으로 음식을 살 수 있니? 🍕

공손히 부탁하고 감사할 줄 알기 🙏

그럼!

다른 사람과 나 자신을 존중하기 😇

그 음식이 집에 왔니?

친절한 사람 되기 😋

그럼!

모르는 사람과 이야기하지 않기 👿

폭력을 부추기지 않기

누군가에게 인터넷으로 선물을 보낼 수 있니? 🎁

내가 원치 않는 짓을 다른 사람에게 하지 않기

그럼!

친구들을 도와주기 ❤️

힘든 친구를 위로해 주는 건 언제나 좋은 생각이야

사랑을 느꼈을 땐 반드시 표현하기

부당한 것을 보면 이야기하기 🗣️

그 선물이 선물받는 사람 집에 잘 도착했니?

그럼!

인터넷에서 다른 사람들을 대할 때도 실제로 만났을 때처럼 행동해야 해. 내가 안 보인다고 불친절하고 무례하게 행동할 필요가 없잖아. 인터넷에서도 다른 사람에게 예의를 지키고 배려해야 해.

인터넷으로 다른 사람을 행복하게 하거나, 다른 사람에게 피해를 줄 수도 있다고 생각하니?

물론이지! 사람들은 인터넷을 할 때도 즐거움과 기쁨과 슬픔, 두려움을 느껴. 게다가 인터넷에서의 활동이 실제 삶에도 영향을 미친단다. 예를 들면 SNS에서 누군가 내 콘텐츠를 비판하는 글을 남기면 SNS 접속을 끊은 상태에서도 내내 기분이 나쁜 것처럼 말이야. 이제 온라인에서의 삶은 우리 삶과 긴밀하게 연결되어 있어. 그런데 사람들은 가끔 그 사실을 잊고 지내는 것 같아.

실제로 경험할 수 있는 일들을 몇 가지 알려 줄게. 너라면 이러한 상황에 처했을 때 어떻게 할지 함께 생각해 보자.

가끔 사람들은 온라인에서는 평소와 전혀 다른 행동과 모습을 보이기도 해. 이런 일로 인터넷에서 상처를 받거나 주지 않도록 조심하렴. 😢

상황1

인터넷 밖에선

아이들이 학교 운동장에서 놀고 있어. 그런데 그중 한 아이가 넘어져서 무릎을 다쳤어. 무릎에서 피도 나고 아프기도 해서 아이가 울음을 터트렸어. 😱 만약 그 아이가 네 친구라면 너는 어떻게 할래? 아마 친구를 위로할 거야. 가까이 있는 어른에게 이야기하고, 필요한 경우엔 학교 보건실까지 데리고 갈 거야. 😒 안 그래? 몇 시간 후에 다친 아이는 더는 아프지 않을 테고, 어쩌면 다시 친구들과 놀 수 있을지도 몰라.

인터넷에서는

한 아이가 넘어지자 어떤 친구가 사진을 찍었어. 그 친구는 아이가 넘어졌을 때 아이를 도와주려고 달려가지 않고 울고 있는 아이 모습을 핸드폰으로 찍은 거야. 📱 그러고는 아이가 넘어지고 우는 모습이 너무 웃기다면서 놀리려고 인터넷 사이트에 올렸지. 😡 넘어진 아이가 이 사실을 알게 되면 기분이 어떨까? 넘어져서 다친 상처보다 훨씬 더 큰 상처를 받지 않을까? 😭 다른 사람의 불행을 이렇게 다뤄도 괜찮을까?

모든 사람이 다른 사람을 배려하고 예의 있게 대하지 않는 것은 온라인에서도 마찬가지야. 다른 사람의 불행을 갖고 놀리는 사람들을 온라인에서 실제로 종종 만날 수 있단다.

상황2

인터넷 밖에선

친구가 네 비밀을 다른 사람에게 전한 것을 알게 되면 정말 짜증이 날 거야. 친구에게 가서 비밀을 전한 게 사실인지 묻고, 사실이라면 정말 속상하다고 네 감정을 말하며 다른 친구들에게 더는 이야기하지 말라고 부탁할 거야. 그러면 네 친구는 전하면 안 되는 비밀인지 몰랐다고 해명하면서, 지금부터라도 조심하겠다고 약속할 거야. 😊

인터넷에서는

내가 친구에게 전한 비밀을 친구가 학교 친구들이 전부 볼 수 있는 SNS에 올린 거야. 이젠 학교에서 내가 모르던 친구들조차 내 비밀을 다 알게 되었어. 시간을 되돌릴 수도 없고 인터넷에 한번 올린 건 영원히 남아 있잖아. 난 그 친구와 헤어질 수밖에 없고 우정은 끝나 버리는 거야. 😢

상황3

인터넷 밖에선

공원에서 친구들과 이야기하고 있다고 해 보자. 모르는 사람이 다가와 너희들에게 곤란한 질문을 했어. 너희들은 부모님이 모르는 사람들과는 이야기하지 말라고 했던 것을 떠올리겠지. 조심해야 한다는 생각에 그 사람과 거리를 두려고 할 거야.

인터넷에서는

친구들과 온라인 게임을 하는데 모르는 사람이 함께하기로 했어. 그 사람은 친구들에게 게임에서 이길 수 있는 아이템과 스킨을 선물했어. 모두 좋다고 선물을 얼른 받았지.
그 후론 게임에 접속할 때마다 그 사람이 게임에 들어와서 불편한 질문을 하기 시작했어. 하지만 모르는 사람이기도 해서 그냥 무시했어. 그런데 문제는 그 사람에게서 벗어날 방법이 없는 거야. 그는 쪽지를 계속 보내면서 이제는 실제로 만나자고도 했어. 모두 겁을 먹었지. 하지만 누구에게 이 문제를 털어놓을지 몰랐어. 그 사람의 이름과 나이, 남자인지 여자인지도 몰랐으니까 말이야. 아는 것이라곤 언제나 게임에 들어와 있다는 것뿐이었어.

 인터넷에서는 불특정 다수와 연결되는데 그들과 연결을 끊기가 쉽지 않아.

인터넷에서 모르는 사람을 어떻게 대해야 할까?

인터넷에서 사람들과 다양한 방법으로 소통할 수 있어.

친구들과 게임을 하고 채팅으로 이야기를 나눌 거야 🤗

학교 친구들과 온라인에서 만날 수 있어.
게임을 좋아한다면 함께 게임을 즐기겠지.
채팅방에서 모여서 수다를 떨지도 몰라.
블로그나 SNS를 통해 서로의 소식을 알고
몰랐던 점도 발견할지 몰라.

영상 통화와 이메일로 사랑하는 사람과 연락할 거야 👨‍👩‍👧

지구 반대편에 있는 사람과 교제할 수도 있어. ✈️
이메일을 주고받고 화상 통화를 하면서 서로를
알아갈 거야. 📷 물론 실제로 만나서 손을 잡고
눈을 바라보고 포옹하긴 어렵지만 대신 영상과
사진을 주고받고 속 깊은 대화를 이메일로
나눌 수는 있단다.

멀리 떨어져 사는 가족들과 안부를 묻고 전할 수 있어 😍

인터넷 전화를 이용하면 비싼 돈을 내지 않고도
먼 나라에 사는 친척들과 이야기를 나눌 수 있어.
사진과 영상을 주고받는 일도 훨씬 쉬워졌지. 화상
통화로 매일 안부를 묻고 나눌 수 있단다. ❤️

실제로 만나지 못했어도 인터넷에서 친구를 만들 수도 있어

인터넷에서 만난 사람과 친구가 될 수 있어.
그런데 인터넷에서 만난 사람을 믿을 수 있을까?
혹시 뭔가 속이는 게 있지 않을까?
다음 장에서 인터넷에서 새로운 사람을 만날 때
경험할 수 있는 일들을 이야기해 보자.

**이건 꾸며 낸 이야기야.
결말은 네가 선택할 수 있어!**

무슨 일이 일어날 것 같니?

열세 살 소년이 SNS로 동갑내기 소녀를 알게 되었어. 두 아이 모두 열세 살 아이처럼 보이는 프로필 사진을 올렸지. 같이 아는 친구도 두 사람이나 있었는데, 둘 다 상당히 멀리 떨어진 곳에 살았어. 소년과 소녀는 가끔 대화를 나누며, 스티커도 교환했고, 노래도 보내 주었어. 👦👧 소년은 언제나 소녀가 올리는 사진과 스토리에 '좋아요'를 눌러 주었지. 👍 소년은 소녀에게 사귀자고, 공원에서 만나자고 제안했어.
둘은 서로를 알아보려고 어떤 옷을 입을지도 이야기했고 만날 시간도 정했어.

결말 1

둘은 서로를 금방 알아보았어. 서로 다가가 알고 있는 이야기들을 하며 서로가 맞는지 확인했지. 두 사람 모두가 행복했단다. 한참을 같이 있었어. 어쩌면 평생을 함께하기로 했는지도 몰라. 정말 행복했단다! 😍

결말 2

소녀는 소년과 약속한 곳에 도착했어. 그런데 그 자리엔 소년이 없었고 멋진 유니콘이 있었어. 소녀는 웃으며 유니콘을 타고 집으로 갔단다. 🦄

결말 3

소년과 소녀는 서로를 알아보고, 다가갔는데 왠지 불편했어. 😳 온라인에서처럼 이야깃거리도 많지 않았지. 어떻게 해야 할까? 겸연쩍기도 해서 소녀는 집에 가야겠다고 했어. 가끔 채팅하기도 했지만 점점 관심이 없어졌어.

결말 4

소녀는 약속 장소에 갔는데, 소년을 찾지 못했어. 사방을 다 찾아봤지만, 소년은 보이지 않았지. 그런데 소년이 입기로 약속했던 옷을 입은 어른이 있었어. 👨 그 사람이 다가오는 것을 보고 소녀는 깜짝 놀랐단다. 😰 그동안 알고 지냈던 친구가 동갑내기 소년이 아니었다는 사실을 깨닫고 소녀는 황급히 그 자리를 떠났단다.

결말 5

소년은 약속 장소에 도착했는데 소녀를 찾을 수 없었어. 대신 같은 학교에 다니는 아이들이 몰려 있는 것을 발견했지. 그런데 그들이 다가와 소년을 놀리기 시작했어. 👿 인터넷에서 찾아낸 프로필 사진을 보여 주면서 말이야. 소년은 정말 괴로웠단다. 힘들기도 했고 부끄럽기도 했어. 모두가 소년을 놀려 댔으니까. 😕

결말 6

소년도 소녀도 오지 않았어. 약속 장소에는 어른 두 사람이 나왔던 거야. 두 사람 모두 약속한 옷을 입고 있었어. 👨👨 서로를 발견했지만, 믿을 수 없었던 거지. 소년도 소녀도 처음부터 존재하지 않았던 거야. 두 어른이 무방비 상태에 있는 아이들을 사귀려고 가짜 프로필을 올렸던 거야. 🤔

인터넷에선 새로운 사람을 사귈 수도 있고, 좋은 경험을 할 수도 있지. 하지만 언제나 그런 것은 아니야.

인터넷에서 사람을 만날 때는 조심하라고 이야기해 주고 싶어. 실제로 나와 같은 또래 친구이고 좋아하는 취향도 비슷하다면 친하게 지낼 수 있을 거야. 하지만 항상 자신이 진짜 누구인지 밝히지 않는 사람도 있다는 걸 명심해.

8. 디지털 시민이 되자

우리는 인권을 지키고 안전하게 인터넷을 사용하는 책임감 있는 디지털 시민이 되어야 해

인터넷은 선물과 같아. 🎁 새로운 일을 배울 수도 있고, 내 생각을 표현할 수도 있고, 게임을 하며 놀 수도 있고, 새 친구도 사귈 수 있고, 재미있는 동영상을 보며 배꼽 빠지게 웃을 수도 있으니까. 😂

크리스마스 선물로 자전거를 받으면 아마 엄청 타 보고 싶을 거야. 페달을 밟아 나는 듯이 달려 보고 싶을걸! 여기저기에 가 보고 싶을 테고. 벨도 달고 스티커로 꾸미기도 하겠지. 자전거를 오래 타려면 책임 있는 자세로 관리를 잘해야 해. 관리를 못하면 금세 망가지거나 펑크가 날 테니까. 자전거 관리는 네 손에 달린 거야! 🛠️

인터넷도 마찬가지야. 인터넷으로 멋진 경험을 할 수 있느냐, 없느냐는 인터넷을 얼마나 책임감 있게 사용하는지에 달려 있어. 🤘

인터넷은 선물이나 마찬가지야.
우리 모두 선물을 정말 좋아하지.
그렇지만 선물이 우리에게 오랫동안 쓸모가 있으려면 잘 보살펴야 해!

인터넷에서 **친절한 사람이 되는 것**은 네 손에 달려 있어.
인터넷에서 **다른 사람을 존중하는 것**도 네 손에 달려 있어.
인터넷에서 **어떻게 행동할지**도 네 손에 달려 있어.
인터넷에서 **너의 프라이버시를 지키는 것**도 네 손에 달려 있어.

인터넷에서 우리는 개인적인 존재야

눈을 감고 열까지 세고 눈을 뜨렴. 준비됐니? 열까지 셌니?
무슨 생각을 했을까? 무슨 생각을 했는지 말할 필요는 없어.
십 초 동안 네가 생각한 것을 아는 유일한 사람은 너밖엔 없어.
넌 눈을 감고 너의 내면세계에 접속한 거야.

네가 뭔가를 생각하고 있을 때,
다른 사람이 네 생각으로 들어올 방법은 없어.
네가 무슨 생각을 했는지 다른 사람에게
이야기해 줄 수는 있지.
하지만 네가 무엇을 생각했는지 다른 사람은
정확하게 알 수 없어. 각자 짐작할 뿐이지.
자신에게 편한 방식으로 말이야. 💎

프라이버시는 개인의 사생활을 뜻하는
말이자 남에게 간섭받지 않을 권리를 뜻해.
프라이버시는 온라인에서도 반드시
지켜야 할 중요한 거야. 인터넷으로 많은
정보를 공유한다고 해서 개인의 사생활을
공유할 필요는 없단다. 😱

프라이버시는 남에게 간섭받지 않을 권리야

너무 화가 나서 다른 사람과 함께 있고 싶지 않다는 생각을 해 본 적 있니? 화가 나서 머리가 터질 것 같고 소리를 지르고 싶은 때 말이야. 😡
너의 방으로 달려가 문을 잠글지도 몰라. 혼자 있고, 혼자 생각하고 싶겠지. 울고 싶기도 할 거야. 아무도 너를 귀찮게 하지 않았으면 좋겠다고 생각할 거야. 😭 물론 시간이 좀 지나고 감정이 가라앉으면, 널 위로해 줄 사람이 곁에 있으면 좋겠다고 느끼겠지만 말이야. 어쨌든 우리 모두에겐 다른 사람에게 간섭받지 않을 권리가 있단다. 그게 바로 프라이버시야.

인터넷에도 문이 있어

웹 페이지에 들어가는 것은 문을 여는 것과 마찬가지야. SNS에 계정을 만드는 것도 동영상을 올리는 것도 문을 여는 것과 같아. 그런데 온라인에서는 한 번 열린 문은 그 사이트나 SNS 계정이 완전히 사라지지 않는 한 저절로 닫히지 않아. 😱

인터넷에 네 마음에 담아 두었던 것을 공유하면 그건 더 이상 너만의 것이 아니야. 🌎 왜냐하면 인터넷을 쓰는 다른 사람이 네가 올린 것을 마음대로 바꾸고, 공유하고, 지우고, 자기 것으로 만들 수 있으니까 말이야.

문은 프라이버시를 지키는 거야

인터넷에선 프라이버시를 지키는 것이 정말 어려워. 네가 사진이나 동영상을 공개하면 네 마음대로 지울 수도 없어. 댓글도 마음대로 지울 수 없단다. 인터넷은 끝없이 열리는 문과 연결되어 있다는 걸 잊지 마. 😱

프라이버시를 지키기 위한 몇 가지 충고를 해 줄게

1. 정보를 공유하기 전엔 반드시 두 번 생각하렴 🤔

2. 네가 잘 알고 지내는 사람만 팔로우를 허락하렴

3. 너의 정확한 위치를 공유하면 안 돼 📍

4. 네가 확실하게 공유를 원하지 않는 것은 절대로 공유하지 마 😐

5. 너의 집을 보여 주거나 주소를 알려 주지 마 🏡

6. 너의 방도 보여 주면 안 돼

7. 네 몸을 잘 돌봐야 해. 너의 은밀한 부분을 찍은 사진이나 동영상을 공유하면 절대로 안 돼. 속옷도 마찬가지야 ☝️

8. 너의 비밀번호를 공유하면 안 돼. 비밀번호를 만들 때는, 숫자, 기호, 대문자, 소문자를 합성해야 해. 예를 들어 MiClave987<3처럼 말이야 👌

인터넷에선 행동을 조심해야 해!

> 초콜릿 비스킷을 나눠 먹고 싶지 않은데
> 어른들이 나눠 먹는 게 좋은 거라며 나눠 먹으라고 한 적이 있지?

**나누는 것이 착한 행동이라고 오랫동안 가르쳤어.
그건 사실이야.** 💌

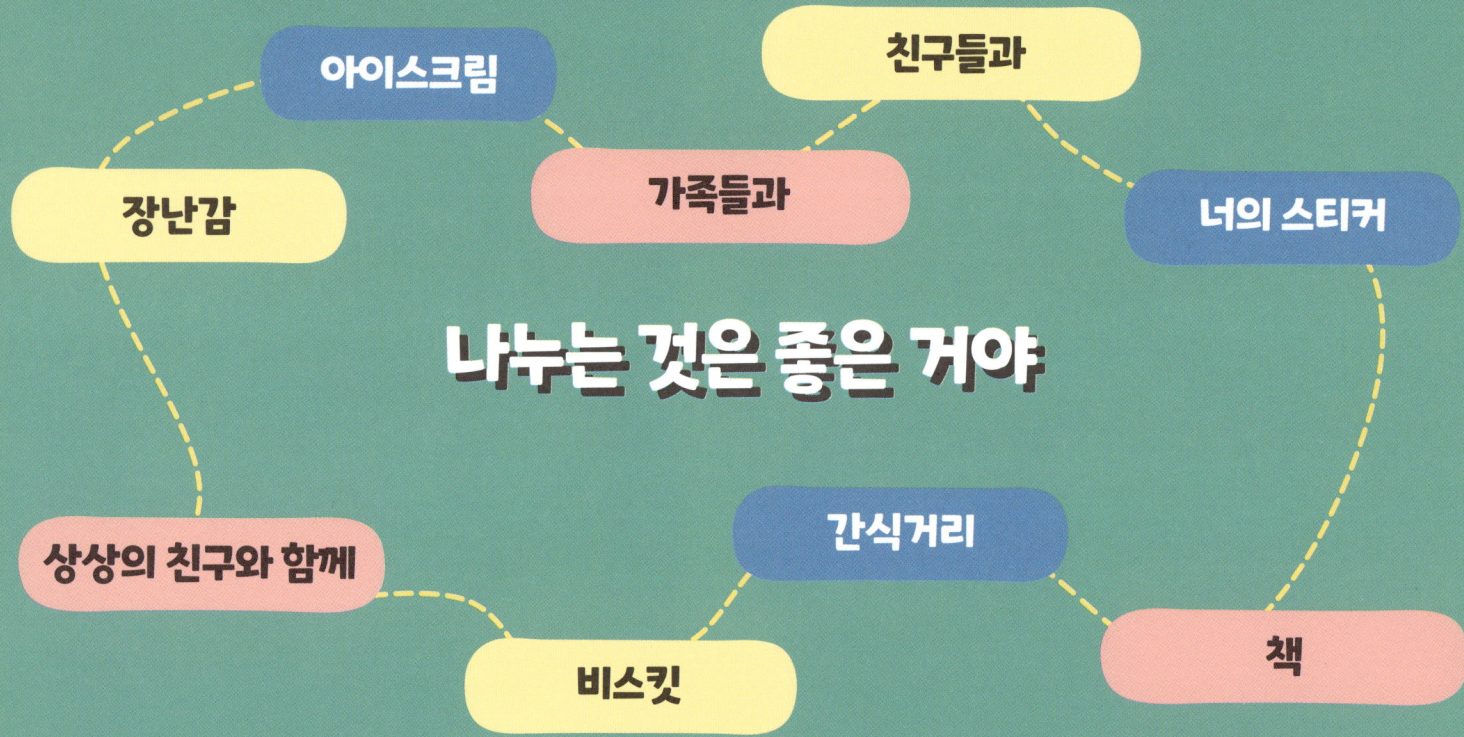

그런데 누군가 네 핸드폰이나 태블릿을 쓴다면 어떨까?
인터넷에 네 사진과 정보를 올리면 어떨까?
아마도 어른들은 이렇게 말할 거야.
"네 핸드폰과 태블릿을 다른 사람과 공유하지 마.
네 사진과 정보도 인터넷에 공유하지 마." 😱

공유하는 것도 나누는 것과 같은데
왜 이건 안 되는 걸까?
똑같은 의미가 아닌 걸까? 🤔

나누는 것이 나쁜 것은 아니야.
그러나 인터넷에선 조금은 달라.

실생활에서 나누기란

물리적인 물건을 나누는 거야. 비스킷, 사탕, 연필, 장난감 등을 말이야. 음식을 나누면 음식을 남기지 않고 다 먹을 수 있어. 😋
장난감이나 연필을 나눠 쓰면 친구들이 다 쓴 다음에 돌려줄 거야. 나누는 건 그 순간의 경험이야. 초콜릿을 나누면 함께 먹을 수 있을 뿐만 아니라 더 맛있게 먹을 수 있는 거야.

인터넷에서 나누기란

사진, 동영상, 텍스트, 이모티콘 등 정보를 공유하는 거야. 😎
인터넷에서 공유한다는 것은 넘겨주는 것과 같아. 저작권 표시를 해 둬도 내가 올린 정보를 누군가가 가져갈 수도 있고, 😱 다른 새로운 것을 만드는 데 쓰이기도 할 거야.

 **인터넷에서 정보를 공유하는 것은 세상에 정보를 넘겨주는 것과 같은 거야.**

마르틴의 사진

어느 날, 비센테와 마르틴은 함께 놀다가 소피아를 놀려 주기로 마음먹었어.
마르틴이 바지를 내리자 비센테는 핸드폰으로 엉덩이 사진을 찍었지. 그리고 그 사진을 소피아에게 보냈어. 둘은 소피아가 깜짝 놀랄 것을 기대했어. 하지만 소피아는 사진을 보고 엄청 웃었지.
마르틴의 엉덩이가 정말 웃기게 생겼거든. 소피아는 그 사진을 다른 친구들에게 보냈고,
친구들 역시 다른 친구들에게 또 보냈어.
다음 날, 마르틴이 교실에 들어가자, 친구들이 모두 웃으며 이야기했지.
"마르틴, 네 엉덩이를 봤어! 네 엉덩이를 봤다고!" 그러나 마르틴은 웃지 않았어.
너무 부끄러워서 얼굴이 창백해졌지. 어떻게 반 친구들이 마르틴의 엉덩이를
볼 수 있었을까? 마르틴은 교실에서 도망쳤어. 다른 반 교실을 지나가는데 "네 엉덩이를 봤다."라는
말만 들려왔지. 무섭다는 생각이 들었어. 학교 밖으로 뛰어갔지. 거리에 나가자 이번엔 사람들이
마르틴을 보고 소리쳤어. "저기 그 엉덩이 사진 주인공이 간다!" 어디로 숨어야 할지 알 수 없었단다.
마르틴의 엉덩이는 쇼윈도의 텔레비전에도 나왔어. 정말 짜증나게 하는 아이들에게서도 메시지가
왔어. "네 엉덩이 정말 끔찍하게 생겼던데. 내 엉덩이가 네 것보다 더 멋질걸." 그리고 모르는
남자에게서 "네 엉덩이를 봤는데, 이번에 내 엉덩이를 보여 줄까?"라는 문자도 날아왔지.
마르틴은 공포에 휩싸였어. 순식간에 모든 사람이 본 엉덩이 사진의 주인공이 되어 버린 거야.
빨리 할머니가 있는 집에 가고 싶었어. 할머니는 유일하게 마르틴에게 무슨 일이 일어났는지 모를 것
같았고, 마르틴을 위로해 줄 것 같았으니까. 마르틴은 얼른 집으로 달려가 할머니에게 안겼어.
그런데 할머니는 손에 태블릿을 들고 사진을 막 보려던 참이었어.
바로 마르틴의 엉덩이 사진 말이야! 마르틴은 엉엉 울고 또 울었지.

 **공유하는 것을 조심하렴!** 많은 경우 장난처럼 여기기도 하고,
재미있겠다고 생각하지만, 인터넷에선 이야기가 어떻게 끝날지 모르는 법이니까.

이렇게 했으면 좋겠어

- 너를 모르는 사람이 봐도 별문제가 없는 것만 공유하렴.
- 지워지지 않아도 문제가 안 되는 것만 공유하렴.
- 너의 은밀한 곳이 드러난 사진이나 동영상은 절대 공유하면 안 돼.
- 너의 위치나 집 주소를 공유하면 안 돼.
- 다른 사람과 사진을 공유할 때는 그 사진을 올리거나 태그를 달기 전에 반드시 그 사람에게 물어봐야 해.

인터넷에서 우리는 선량한 사람이어야 해

인터넷은 정보와 콘텐츠를 공유하고, 채팅도 하고, 뭘 만들기도 하고, 놀기 위한 공간이야.
그런데 사람들은 인터넷에서 누군가를 미워하고 차별하고 욕하기도 하지.
어떤 사람들은 온라인에서는 무례하게 말하고 행동해도 괜찮다고 생각해.
하지만 틀렸어. 인터넷에서의 무례한 행동과 말은 다른 사람에게 상처를 주고 기분을 나쁘게 만들 수 있어.

왕따는 여러 사람이 누군가를 따돌리는 거야.
인터넷에서 왕따를 시키는 것을 '사이버 왕따'라고 해.
요즘처럼 인터넷에서 많은 활동을 하는 시대에 사이버 왕따는 심각한 문제란다.

핸드폰과 태블릿, 컴퓨터에 있는 채팅 앱과 SNS에서 끊임없이 누군가를 괴롭혀. 왕따를 당하는 친구를 놀리는 동영상과 사진이 인터넷으로 여러 사람에게 전해지고, 모르는 사람들에게까지 놀림을 당한다고 생각해 봐. 그 괴로움이 얼마나 클지 짐작할 수 있겠니?

다른 친구를 괴롭히고 상처를 주는 메시지는 아침에 일어났을 때나 잠자리에 들었을 때도 받을 수 있어. 잠을 잘 때, 잠에서 깨었을 때, 놀 때, 식사할 때, 과제를 할 때, 화장실에 갈 때도 마찬가지야. 인터넷이 연결되었다면 사이버 왕따는 언제든지 일어날 수 있단다.

명심해. 인터넷에서 우린 실제로 존재하는 사람과 이야기를 나누고 있다는 것을 말이야.

후아나의 재킷

후아나에겐 예쁜 재킷이 있었어. 🤩 그런데 같은 반 친구인 카를라는 후아나의 재킷이 마음에 들지 않았어. 후아나가 그 재킷을 입고 오자 카를라는 심한 말을 했지. "그 재킷은 너에겐 정말 안 어울려." 사실 카를라는 그 재킷이 멋져서 너무 갖고 싶었어.

어느 날, 후아나는 생일 파티에 그 재킷을 입고 갔어. 그런데 그만 딸기 주스를 옷 위에 엎질렀어. 카를라는 얼른 그 장면을 찍어 SNS에 동영상을 만들어 올렸어. 그뿐만 아니라 알고 있던 모든 사람에게 그 동영상을 보냈지.

월요일이 되어 학교에 가자 모두 후아나를 비웃으며 놀려 댔지.

"주스가 그렇게 먹고 싶었어?" 식당에선 누군가 옷에 물을 뿌리기도 했어. 후아나는 정말 슬펐단다.

그날 오후, 집에 갔는데, 또 다른 동영상이 올라와 있었어. 식당에서 물에 젖은 후아나의 모습이 마치 오줌을 싼 것처럼 보였어.

다음 날, 카를라는 후아나에게 오줌싸개라고 메시지를 보냈어. 후아나는 학교에 가는 것을 포기하고 자기 방에 혼자 있고 싶었지. 친구인 마누엘이 카를라가 후아나를 온라인에서 왕따시키고 있다는 것을 알았어. 인터넷에서 매일 괴롭히고 있다는 사실을 말이야.

마누엘은 선생님과 상담을 했고, 선생님은 두 아이의 부모님을 학교로 불렀어.

카를라의 부모님은 카를라와 이야기를 했어. 카를라는 후아나가 멋진 재킷을 입고 다니는데 자기는 그런 재킷이 없다는 사실이 너무 화가 났다고 이야기했지.

부모님은 후아나와 이야기를 하라고 했단다. 카를라는 후아나의 집에 가서 굉장히 낙담한 채 슬픈 표정을 짓고 있는 후아나를 봤어. 카를라는 눈물을 흘리며 자기가 질투한 거라고 털어놓았어. 😭 용서를 빌자 후아나가 물었어. "왜 나에게 재킷을 빌려 달라고 하지 않았니? 왜 나를 괴롭혔어?"

우정을 회복하는 데 시간이 좀 걸렸단다. 그러나 카를라는 친구들을 존중해야 하며, 인터넷에서도 착한 사람이 되어야 한다는 사실을 깨달았지.

누가 계속해서 너를 괴롭힌다면 기분이 어떨까?

이런 일이 일어난다면
아이들은 굉장히 힘들 거야.

외롭다는 생각이 들 거야.
누구와 이야기를 해야 할지 모를 거야.

모든 사람이 우리를 잘 대해 주진 않아. 🙄

우리는 언제나 다른 사람과 의견이
같을 수는 없어. 🙄

그러나 다른 사람을 존중할 수 있고,
나와 다른 사람의 행복과 인권을 지킬 수 있어.
인터넷에서 좋은 사람이 되는 쪽을
선택할 수 있어. 🤗

모니터를 보고 글을 쓴다고 해서
모니터와 이야기하는 것은 아니야.

사람에게 이야기하는 거야.
너와 똑같은 사람에게 말이야.

온라인에서 너를 괴롭히거나 다른 사람을 괴롭히는 걸 보면, ✋ 모른 척하지 말고 🗣 이렇게 말해. 😉

멈춰!
말해!
도와줘!

상황을 잘 생각해 보고 내가 오해한 것은 없는지 잘 따져 봐. 🤔

괴롭힘을 당하는 게 창피하다고 숨겨선 안 돼.
왕따를 시키는 사람을 그냥 놔두면 안 돼. 그럼 계속 왕따를 시킬 거야. 믿을 수 있는 친구나 선배, 선생님과 부모님에게 무슨 일이 일어났는지 이야기하렴. 💡

왕따를 당하는 친구를 보고 그냥 지나친다면 왕따를 시키는 친구랑 똑같은 사람이 되는 거야. 왕따를 시키는 소수의 친구에게 왕따는 나쁘다고 여럿이 입을 모아 이야기해 줘야 해.
왕따를 당하는 친구의 편이 되어 주렴. 그럴 때는 누군가 자기 편이 있다는 사실을 아는 게 큰 힘이 된단다. 🤪

9. 디지털 세상에서 어떤 일을 할까?

디지털과 함께 생겨난 새로운 직업을 알아보자.

오늘의 직업

인터넷이 빠르게 성장하면서 관련한 일을 하는 사람들이 많아졌지. 🤓
인터넷과 함께 생긴 직업들을 알아보자.

> 어른이 되면 이런 일을 하고 싶니?

온라인 홍보 담당자

온라인에서 회사의 상품과 서비스를 홍보하는 사람이야.
많은 회사가 자기 회사의 상품과 서비스를 알리고 고객과 소통하려고 SNS와 홈페이지, 블로그 등을 운영하는데, 그런 곳들을 관리하는 사람이 바로 온라인 홍보 담당자야. 예를 들면 회사 제품을 쓰는 유명인들의 사진을 온라인에 올리거나 새로운 이벤트를 사람들에게 알리는 글을 올리는 거야. 😇
실제로 네가 좋아하는 제품이나 회사의 SNS를 찾아보렴.
그럼 온라인 홍보 담당자들이 어떤 일을 하는지 금방 알 수 있을 거야.

쿨헌터

쿨헌터는 소비자인 동시에 유행을 창조하는 소비자로 멋진 것을 사냥하는 사람이라는 뜻이지. 쿨헌터는 시장의 트렌드를 관찰하고 앞으로 무엇이 유행할지 알아내며 기업이 다음 상품과 서비스를 개발하는 데 도움을 준단다. 😎

데이터 과학자

우리가 인터넷에 올리는 모든 게 일종의 정보야.
SNS에 사람들이 '좋아요'를 표시하는 것도 모두 정보인 셈이지. 👍
우리가 모르는 사이에 인터넷은 우리가 학교에 어떤 길로 가는지,
어떤 드라마를 가장 좋아하는지, 어떤 피자를 가장 좋아하는지
등 우리의 정보를 알아내고 있어.
이런 정보는 정말 막강한 힘을 가지고 있지. 💪
우리가 무엇을 두려워하는지, 사람들의 성향과 기호를 파악해서
유행과 사회 분위기를 예측하는 데이터가 되니까 말이야.
데이터 과학자는 이러한 데이터를 연구하고 분석하는 사람이야.

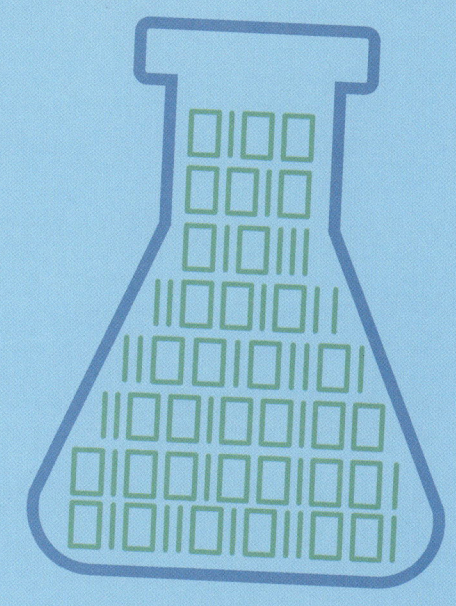

웹 개발자

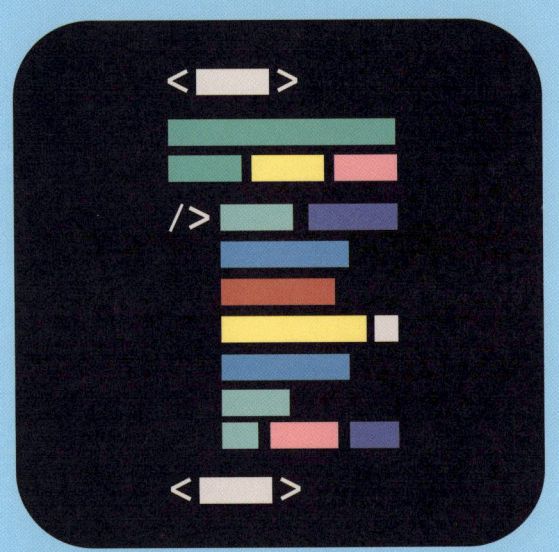

인터넷과 함께 생긴 직업 중에서 가장 인기 있는
직업일 거야. 웹 개발자는 웹사이트, 웹 페이지,
앱을 설계하는 사람이야. 🛠

검색 엔진 최적화 전문가

내가 인터넷에 올린 콘텐츠가 많은 사람에게 전해지려면 검색 엔진에서
관련한 주제를 검색했을 때 내가 올린 콘텐츠가 가장 먼저 결과물로 뜨면
좋을 거야. 이처럼 각종 검색 엔진에서 내 콘텐츠를 널리 알릴 수 있게 웹 페이지를
구성해서 상위 검색 결과에 오르게 하는 걸 검색 엔진 최적화라고 해.
이 일을 전문적으로 하는 사람들을 많은 기업에서 찾고 있단다.
자기 기업의 상품과 서비스를 많은 사람에게 알리기 위해서 말이야. 🧐

모바일 인터넷 개발자 및 관리자

모바일 인터넷은 핸드폰과 노트북과 같은 모바일 장비로 이용하는 인터넷이야. 이제는 모바일 기기로 인터넷에 접속하는 게 흔한 일이 되었어. 그래서 인터넷 상의 많은 웹사이트가 모바일 웹을 지원하고 있지. 모바일에서 보이는 웹사이트 화면이 컴퓨터로 접속했을 때와 전혀 다른 걸 알고 있지? 모바일 인터넷 개발자 및 관리자는 모바일로 사용자가 더 쉽고 편리하게 인터넷을 이용하는 환경을 구축하는 사람이야. 모바일 웹을 개발, 관리하는 일을 한단다. 🤓

사이버 강사 혹은 인터넷 강사

온라인에서 사람들을 가르치는 선생님은 온라인에서 들을 수 있는 강의 영상과 읽을 자료 등을 만들어야 해. 😎

사용자 경험 기획자

어떤 웹사이트에 처음 접속했는데 한눈에 모든 내용을 파악할 수 있도록 잘 정리된 느낌을 받은 적이 있니? 아니면 앱을 다운받아 실행했는데 앱이 정말 편리하게 설계가 되었다고 생각해 본적은 없니?
사용자 경험 기획자는 인터넷과 관련한 웹 페이지, 앱 화면 등을 구성할 때 어떻게 할지를 고민하는 사람들이야. 사용자 입장에서 사용자의 필요를 채워 주고 온라인과 모바일을 편리하게 이용할 수 있게 노력한단다. 😋
사람마다 서로 다른 성격과 스타일이 있는데 어떻게 많은 사람이 쉽고 편하다고 느낄 수 있게 만드는 걸까? 그러니까 사용자 경험 기획자만이 할 수 있는 일이란다. 🤗

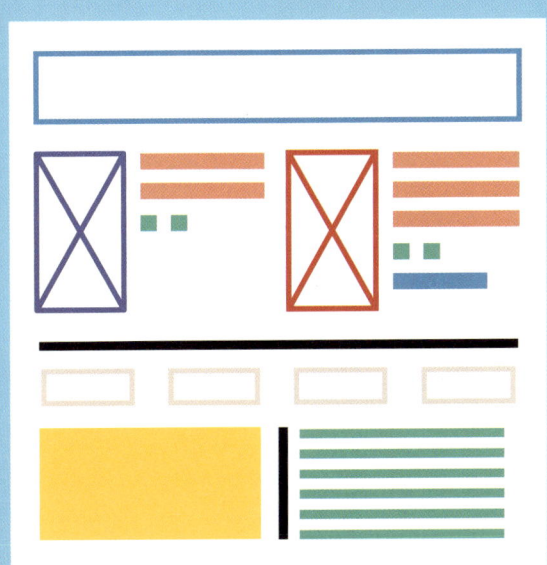

내일의 직업

빅 데이터, 인공 지능, 로봇 등 인터넷과 관련한 새로운 직업들이 계속 생겨나고 있어. 빅 데이터는 수집하고 저장하고 분석하기가 어려울 만큼 방대한 양의 데이터야. 기업은 빅 데이터를 이용해서 소비자의 욕구를 파악하고 제품을 만들고 홍보해. 앞으로 어떤 직업들이 새로 생길지 알아보자. 💼

로봇을 위한 감정 교사

미래에는 로봇에게 사람의 감정을 이해하는 법을 가르치는 사람이 필요할 거야. 🤖
음성과 얼굴을 인식해서 전자 기기를 실행하는 것만이 아니라 목소리 톤, 표정을 보고 사람들의 감정을 알아차리고 필요한 걸 제공할 수 있도록 말이야. 😍

암호 화폐 은행가와 금전 출납 담당자

나라마다 화폐가 달라. 💲💲 하지만 인터넷으로 연결된 곳에서 모두가 쓸 수 있는 암호 화폐가 있어. 미래에는 암호 화폐가 널리 퍼져서 디지털 은행이 생기고, 그곳에서 일하는 사람들이 생길 거야.

드론 교통경찰

무선 원격으로 조종하는 드론을 알고 있니? 처음에는 군사적인 목적으로 사용했지만 이제는 사람들이 촬영이나 취미 생활로 흔히 사용하고 있지. 드론으로 우편물을 나르고 택배를 전할지도 몰라. 그럼 수많은 드론이 하늘을 날 텐데 교통 사고가 나지 않도록 드론 교통 경찰이 필요하지 않을까? ✋

해저 데이터 센터 유지 관리자

데이터 센터는 인터넷 기업들이 수천수만 대의 컴퓨터에 정보를 보관하고 있는 곳이야. 컴퓨터가 너무 많으면 건물 온도가 올라가기 때문에 컴퓨터가 망가질 수도 있단다. 그래서 데이터 센터는 차가운 곳에 만들거나, 컴퓨터를 냉각시키기 위해 많은 에너지를 써야 한단다. ⛄ 미래엔 데이터 센터를 얼음 바다 밑에 건설할 수도 있다는 상상을 한번 해 보렴. 그러면 해저 데이터 센터에서 일해야 하는 사람이 필요할 거야. 바다 속에서 살아가면서 말이야.

에코 인터넷 전략가

컴퓨터를 냉각시키고, 전 세계를 가로지르는 케이블을 이용하려면 우리는 많은 전기를 써야 하지. 이런 에너지를 생산하기 위해선 탄소를 연소해야 하고, 이 과정에서 우리는 지구를 오염시키게 된단다. 💩 환경에 피해를 주지 않으려면 인터넷을 어떻게 유지해야 할지를 고민하는 사람이 필요할 거야. 🌲

인터넷 클라우드 청소부

인터넷 클라우드는 인터넷 구름이라는 뜻의 영어야.
파일을 저장할 때 컴퓨터가 아니라 인터넷을 통해 중앙 컴퓨터에 저장할 수 있는데 이 공간을 클라우드라고 불러. 날이 갈수록 사진과 문서, 동영상 등의 데이터가 많아져서 컴퓨터 내부에 저장할 공간이 부족해지자 다양한 인터넷 클라우드가 만들어지고 있어. 클라우드에 데이터를 저장하면 인터넷이 연결된 곳이면 어디서든 파일을 이용할 수 있지. 하지만 인터넷 클라우드가 계속 많아지면 더 많은 공간을 확보하기 위해 저장된 데이터를 정리하고 삭제하는 사람들이 필요하겠지?

온라인 소통 도우미

온라인에서는 모니터를 통해 글로 말하는 경우가 많아.
그러다 보니 상대방이 어떤 뜻으로 말한 건지 오해할 수도 있고, 직접 만나서 이야기할 때보다 서로의 의도를 알아차리기가 매우 어려워. 미래엔 온라인에서 소통을 매끄럽도록 돕는 사람이 있을 거야.

디지털 흔적 과학자

디지털 흔적이라는 것을 알고 있니?
네가 인터넷에서 한 모든 일은 흔적을 남긴단다.
언젠가 인터넷에 남긴 디지털 흔적이 여러 정보와 어떤 식으로 작동하는지를 분석하는 과학자가 있을 거야.

10. 미래에 인터넷은 어떻게 될까?

우리는 인터넷을 왜 할까?
공부하려고, 즐기려고, 계산하려고, 일하려고, 학교 성적을 알려고,
어떤 곳에 가는 길을 찾으려고, 좋아하는 영화나 배우에 대해 알아보려고, 건강을 관리하려고,
친구들과 소통하려고, 재미있는 동영상을 찾으려고 등등 여러 이유가 있을 거야.

미래에 우린 인터넷으로 무엇을 할까?
어른이 되어서도 지금과 같은 디지털 세상에서 살까?
어떤 사람들은 디지털 세상이 앞으로도 계속되리라고 믿고 있어.

사람들은 영원히 인터넷에 접속해서 정보를 올리고 공유할 거라고 생각하는 거야.

미래가 어떨지 상상해 보자.

핸드폰은 어떻게 될까?
컴퓨터는 어떻게 될까? 💻
컴퓨터와 핸드폰은 똑같은 모습일까?
핸드폰과 컴퓨터가 신체의 일부가 될까?
인터넷을 무료로 쓸 수 있을까? 💰
전 세계 모든 사람이 디지털 기기를 가질 수 있을까?
인터넷을 쓸 수 없는 사람도 있을까? 🤔

여기 몇 가지 의견이 있어

미래에는 글보다는 이모티콘으로 더 많이 소통할 거야.

날이 갈수록 이모티콘 사용이 늘어나고 있어.
문자에 대한 답으로 이모티콘만을 사용하는 경우가 많아.
이모티콘이 언어를 대신할 수 있을 거라고 믿니?
다음 문장을 보고 무슨 말을 하려는 건지 이해할 수 있는지 살펴보렴.

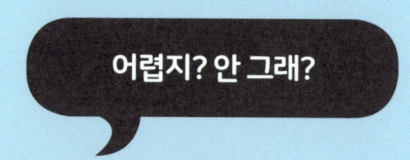
어렵지? 안 그래?

사물 인터넷

사물 인터넷이 뭔지 아니?
집에서 사용하는 각각의 장치를 인터넷에
연결하는 거야. 텔레비전, 냉장고, 다리미,
침대, 커튼까지! 모두 인터넷에
연결하는 거지. 🏠

우리가 언제나 인터넷에 접속할 수 있다면 우리가 사용하는 물건들 역시
접속을 못 할 이유가 없잖아.
네가 오후 4시에 학교에 돌아오리라는 것을 집이 알고 있다면 어떨까?
시간에 맞춰 빵이 자동으로 오븐에서 구워지고 텔레비전은 네가 좋아하는
드라마를 켜 주고, 욕조의 물은 6시 30분에 데워지기 시작하여 7시에 맞춰
준비될 거야. 방의 전기는 네가 잘 준비가 되면 알아서 꺼질 거야.
마치 네 생각을 집에 있는 모든 기기가 알고 있듯이 말이야.

인터넷은 인공 지능이 될 거야

인공 지능은 컴퓨터가 사람처럼 논리적으로 생각할 수 있게 하는 프로그램이야. 🤖
이미 인터넷에는 정보를 찾고 거르는 일에 인공 지능이 쓰이고 있어.
예를 들어서 네가 특정한 앱으로 한 활동이 여러 번 반복되면 인공 지능이
그걸 패턴으로 인식해. 그다음에 네가 쓴 앱과 비슷한 사이트를 추천해 주는 거야.

우리는 매일매일 컴퓨터, 태블릿, 핸드폰 안에 들어
있는 인공 지능 로봇과 함께 살아가고 있어.
우리가 결정을 내릴 수 있도록 도와주고 있는 거야.
무엇을 볼지, 무엇을 들을지, 어떤 길로 갈지, 무엇을
살지 결정을 내릴 수 있게 말이야.

인공 지능 로봇은 날이 갈수록 너를 위해 더 많은
결정을 내릴 거야. 무엇을 좋아하게 될지, 무엇을
좋아하지 않게 될지, 어떤 길로 가야 할지, 어떤
드라마를 봐야 할지를 말이야. 😱

인공 지능 로봇이 정말 환상적이라고 생각하는 사람이
있어. 반면에 우리 뇌를 망가트리고 있다고 생각하는
사람도 있지. 과학 기술이 우리를 대신하여 생각하게
되면 결국 우리는 스스로 생각하는 힘을 잃게 될 거라고
말이야. 🤔

> 넌 어떻게 생각하니?

사람들이 하는 많은 일을 기계가 대신하게 될 거야

벌써 이런 일이 일어나고 있어. 오늘날 사람들이 하는 많은 일이 과학 기술로 대체되고 있으니까. 예를 들어, 인터넷으로 계산할 때는, 수납원이 할 일을 기계가 대체할 거야. 네가 뭔가를 샀을 때, 예전에는 돈 받는 사람이 필요했지만, 지금은 아니야.

지구가 인터넷에 접속되어 있는 유일한 행성이 아닐 수도 있어

몇몇 사람은 벌써 화성이나 달에 데이터 센터나 서버를 설치할 것을 논의하고 있어. 언젠가는 우리 지구만으로는 공간이 충분하지 않을 수도 있어. 다른 행성에 사는 사람을 온라인을 통해 사귀게 되는 일을 생각해 본 적 있니?
그럼 어떤 언어를 사용해야 할까?

미래에 로봇으로 대체될 직업이 뭐라고 생각하니? 로봇이 의사가 되어 수술도 할 수 있을 거라고 생각하니?

11. 디지털 시민으로 지켜야 할 일들

인터넷에선 친절한 사람이 되어야 해!
사람들과 이야기하고 있다는 점을 명심하렴. 네가 실생활에서 친절한 사람이라면, 온라인에서도 당연히 친절해야 하는 것 아니겠니? 😍

포털 사이트에서 너의 이름을 검색해 봐!
누군가 너의 사진이나 동영상을 올렸는지 알아보기 위해 말이야. 📷

네가 사용하는 프로그램에서 프라이버시를 지키도록!
어른에게 도움을 청해 보렴. SNS에서 너의 계정은 반드시 비공개를 선택해야 해. 그리고 네 친구만 네가 올린 것을 볼 수 있게 해야 해. 🤭

너는 혼자가 아니라는 점을 명심하렴!
온라인에서 사이버 왕따와 같은 일을 당했었다면, 널 도와줄 사람이 많다는 것을 알아줬으면 좋겠어. 어른이나 친구들에게 꼭 이야기하렴. 사이버 왕따는 외롭고, 고립되어 가슴 아프고 화가 나기도 할 거야. 그러나 이 역시 지나갈 테고 모든 것이 좋아질 거라는 사실을 명심하렴. 🙌

조심해서 공유하렴
집이나 네가 있는 곳의 정확한 위치, 신체 노출이 심하거나 속옷만 입고 있는 사진이나 동영상을 공유하면 안 돼. 인터넷에 뭔가를 올리기 전에 반드시 다시 생각해 보렴. 우리 학교나 다른 학교 학생들이 모두 이것을 봐도 좋을까? 😉

안전한 비밀번호를 만들자!
인터넷에서 비밀번호는 주기적으로 변경하는 게 좋아. 🤐 생일이나 전화번호로 비밀번호를 설정하지 말고 숫자와 기호, 알파벳을 잘 조합해 봐. 비밀번호는 절대 공유하지 마!

인터넷에서 친구는 신중하게 사귀렴
네가 인터넷에 너에 관한 정보를 공유하고 누구든 볼 수 있게 공개했다면 누구든지 네가 어떤 사람인지 파악하기 쉬울 거야. 인터넷에서는 불특정 다수를 만나는데 그들 모두를 완전히 믿지 마. 너와 잘 통하는 것처럼 느껴져도 그 사람이 너에 관한 정보를 파악하고서 어떤 의도를 갖고 접근하는 것일지도 모르니까 말이야. 😱

다음 사항들을 지켜 줄래?
- 모욕적인 문자에는 답하지 마.
- 인터넷에서 누군가를 괴롭히는 일에 함께하지 마.
- 누군가 너를 괴롭히면 믿을 수 있는 주변 어른이나 친구에게 이 사실을 이야기하고 도움을 청하렴.
- SNS에서 너를 괴롭히는 사람이 있으면 그 사람을 차단하렴.
- 다른 사람을 괴롭히거나 나쁘게 말하는 게시글이나 동영상을 공유하지 마.

행동하는 디지털 시민

사이좋은 디지털 세상은 어떻게 하면 만들 수 있을까?

디지털 미디어 리터러시가 필요해

디지털 미디어 리터러시는 SNS, 웹사이트 등 인터넷에서 알게 된 정보가 정확한 사실인지 판단할 수 있는 능력이야. 인터넷에서 어떤 정보를 접할 때 다음 질문을 꼭 해 보렴.

올바른 정보는 어떻게 찾을까?

① 전달받은 메시지나 정보를 전달할 때 옳은 정보인지 확인한다.
② 인터넷에서 알게 된 정보가 의심될 때는 출처를 확인하거나, 주변 어른에게 물어본다.
③ SNS에 올라온 정보가 바르지 않다고 생각이 들면 '친구, 팔로우 끊기' 등으로 관계를 정리한다.
④ 인터넷에서 '공유'는 많은 사람과 함께 볼 수 있고 쉽고 빠르게 퍼질 수 있으므로 신중하게 생각하고 행동한다.

개인 정보는 어떻게 보호할까?

개인 정보는 내 이름, 주소, 성별, 키, 몸무게, 계좌 번호, 학교, 성적, 연락처 외에도 인터넷 검색 기록, 인터넷에서 물품을 구매한 내역, 의료 기록 등 나에 대한 모든 정보야.

① 모르는 사람에게 핸드폰 번호, 주소, 이름 등을 알려 주지 않기
② 다른 사람에게 나의 이메일 주소와 비밀번호, 웹사이트 아이디와 비밀번호를 알려 주지 않기
③ 인터넷에 나의 개인 정보(전화번호, 집 주소 등)를 올리지 않기
　 특히 SNS에서 전체 공개로 게시하거나 프로필 전체 공개를 하지 않기
④ 웹사이트나 앱에 가입할 때 정말 꼭 필요한 곳인지 확인하고
　 사이트와 앱마다 비밀번호를 다르게 설정하기. 비밀번호를 3개월 간격으로 바꾸는 건 필수!
⑤ 인터넷에서 파일을 내려받거나 컴퓨터나 핸드폰에 프로그램과 앱을 설치할 때는 신중하게 생각하고 하기
⑥ 여러 사람이 함께 사용하는 컴퓨터에서는 늘 로그아웃하고, 로그인 정보를 저장하지 않기

사이버 폭력이란?

인터넷에서 의사소통을 위한 여러 기기(컴퓨터, 핸드폰 등) 안에서 누군가를 대상으로 이루어지는 폭력적인 언어나 영상, 이미지 등을 포함한 행동으로, 부정적인 감정을 느끼게 하는 모든 행동을 말해.

사이버 폭력을 설명하는 영상을 함께 볼까?

사이버 폭력을 예방하는 방법

① 사이버 공간에서도 다른 사람을 존중하고 보호하기
② SNS를 통해 친구를 괴롭히는 행동은 눈에 보이지 않더라도 상처를 주는 폭력이 될 수 있음을 기억하기
③ 인터넷에서 확실하지 않은 정보나 글은 함부로 주고받거나 유포하지 않기
④ 사이버 공간에서 만난 사람에게 나의 개인 정보를 알려 주지 않기
⑤ 사이버 공간에서 상대방이 오해할 수 있거나 싫어할 만한 행동은 하지 않기

사이버 폭력에는 다음 유형들이 있어

큐알 코드마다 해당 사이버 폭력을 설명하는 영상이 담겨 있어. 영상을 함께 볼까?

① 사이버 언어 폭력

인터넷 게시판, 이메일, 채팅방, 모바일 메신저 등에서 누군가에게 욕설을 하거나 비난하는 메시지로 감정을 상하게 하는 것을 말해.

② 사이버 명예 훼손

여러 사람이 함께 볼 수 있는 인터넷 단체 채팅방과 SNS 등에서 누군가를 비웃고 헐뜯기 위한 목적으로 사실이나 거짓을 말하여 명예를 떨어트리는 행동을 말해.

③ 사이버 스토킹

인터넷으로 원하지 않는 문자나 사진, 동영상을 반복적으로 보내서 상대방에게 점차 불안감과 두려움을 주는 모든 행동을 말해.

④ 개인 정보 유출

인터넷에서 다른 사람의 개인적인 정보(이름, 연락처, 주소 등)를 동의 없이 함부로 공개하는 행동을 말해.

⑤ 사이버 성폭력

상대방의 동의를 구하지 않고 성적 불쾌감을 느낄 수 있는 자료를 인터넷을 이용하여 올리거나 퍼뜨리는 행동을 말해. 성적 불쾌감은 성과 관련된 농담과 말, 행동으로 창피하고 수치스러운 감정과 모욕감 등을 느끼는 걸 말해.

사이버 폭력 대처 방법

① 나에게 나쁜 행동을 한 사람에게 분명하게 거부 의사를 표현하기
② 사이버 폭력을 당했을 때 감정적으로 보복 대응하지 않기
③ 비난이나 욕설의 메시지를 받은 경우, 거부 의사를 표시한 내용과 함께 증거를 저장하기
④ 사이버 폭력을 당하거나 본 경우에는 모른 척하지 않고 주변 어른에게 도움을 요청하기
⑤ 자료 삭제 요구에 상대방이 응하지 않을 경우 관련 기관에 신고하기
⑥ 사이버 폭력을 당하는 것은 나의 잘못이 아니므로 자책하지 않기

사이버 폭력을 당했을 때 도움을 받을 수 있는 곳들을 알려 줄게

온라인(홈페이지) 상담
- 푸른코끼리 홈페이지 www.bepuco.or.kr
- 안전드림 온라인 신고 www.safe182.go.kr
- 푸른나무재단 홈페이지 www.btf.or.kr
- 청소년사이버상담센터 www.cyber1388.kr

전화 상담
- 푸른나무재단 전국 사이버(학교)폭력 상담 전화 ☎ 1588-9128(구원의팔)
- 학교 폭력 신고 ☎ 117
- 청소년사이버상담센터 ☎ 1388

SNS 상담 *월~금요일 09:00~18:00까지. 12:00~13:00 점심시간 제외
- 푸른코끼리 카카오톡 채널 https://pf.kakao.com/_sksexb
- 푸른나무재단 카카오톡 채널 https://pf.kakao.com/_xexeFxeV

앱(어플) 상담
- 푸른코끼리(IOS, Android)

방문 상담
- 푸른나무재단(사전 예약)
  ☎ 02-598-1610 / ✉ sos@btf.or.kr
  주소 : 서울시 서초구 서초대로 46길 88 청예단빌딩

디지털 시민의 열 가지 약속

1. 디지털 세상에서 일어나는 문제에 관심을 갖자

2. 디지털 세상의 법과 규칙을 잘 지키자 🤔

3. 디지털 세상에서 만난 사람들을 존중하고 배려하자

4. 디지털 세상에서 나와 내 친구가 위험에 처했을 때, 어떻게 대처해야 하는지 정확하게 알고 실천하자 😐

5. 인터넷에서 친구를 사귈 때는 신중하게 사귀자

6. 디지털 세상에서 나와 다른 사람의 개인 정보를 안전하게 보호하자 🤐

7. 디지털 세상에서 좋은 정보와 나쁜 정보를 지혜롭게 분별하자 ☝️

8. 디지털 세상에서 다른 사람의 저작물을 공유할 때는 허락을 받고 출처를 밝히자 💥

9. 디지털 세상에서 나를 자유롭게 표현하려면 그에 대한 책임감을 갖자 👌

10. 디지털 세상의 시민으로서 디지털 세상을 아름답게 가꾸자

<행동하는 디지털 시민>의 글은 '푸른나무재단'에서 제공해 주었습니다.
푸른나무재단(청소년폭력예방재단, 청예단)은 학교 폭력의 피해로 외아들을 잃은 아버지가 우리나라 최초로 학교 폭력의 심각성을 사회에 알리기 위해 1995년에 설립되었습니다. '청소년이 희망을 꿈꾸는 행복하고 평화로운 세상'을 만드는 목표 아래 학교 폭력 예방 및 피해자 치유 등 학교 폭력 문제를 해결하고자 활동하고 있습니다. 유엔(UN) 경제 사회 이사회에서 특별 협의 지위를 부여받은 청소년 엔지오(NGO)입니다.

푸른나무재단에서 운영하는 '사이좋은 디지털 세상'은 2015년 카카오·카카오 임팩트와 함께 '사이좋은 디지털 세상'을 운영하며
디지털 시대에 태어나고 자란 청소년들이 건강한 디지털 시민 의식을 가질 수 있도록 '찾아가는 학교 교육'을 진행하고 있습니다.
이 밖에 교사 연수, 전문 강사 양성 및 운영, 효과성 연구 등 여러 사업을 지원하고 있습니다.

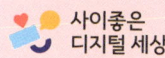 사이좋은 디지털 세상 홈페이지에서 "디지털 시민 교육" 자료와 영상을 볼 수 있습니다.
https://www.digital7942.org

글 루차 소토마요르

칠레 대학에서 문학 학사 학위와 석사 학위를 받은 폭력 예방 분야의 전문가다. 유엔의 글로벌 유니세프와 '현명한 시민 재단' 등에서 일을 했다.
최근엔 뉴욕에 있는 유엔 산하 단체에서 일하고 있는데, 아동 폭력을 예방하고 막는 사회 운동을 주로 하고 있다.
토도 메조라 재단 사무총장이자 리미트리스 설립자로 이 책을 썼다.

그림 이트사 마투라나

칠레 대학에서 일러스트와 소설을 공부했고 디자이너이자 작가로 일하고 있다. 2019년 볼로냐 도서전에 칠레 대표로 참가하였다.
《곤충 사전》으로 콜리브리 메달을 수상했다. 그림책을 만드는 일을 정말 좋아한다.

옮김 남진희

한국외국어대학교에서 중남미 문학을 연구하여 박사 학위를 받았다.
한국외국어대학교에서 강의를 하면서 스페인·중남미 문학 작품을 우리말로 옮기는 일을 하고 있다.
옮긴 책으로 《지구는 일회용이 아니야》, 《나도 세상을 바꿀 수 있어》, 《우리가 99%》, 《세상에서 가장 하얀 생쥐》,
《돌연변이 용과 함께 배우는 유전학》, 《꼬마 돈키호테》, <궁금한 그림책 몸> 시리즈, 《나의 우주에는 마법 바퀴가 있어요》 등이 있다.

행동하는 어린이 시민
우리는 슬기로운 디지털 시민입니까?

초판 1쇄 발행 2023년 2월 27일 | 초판 2쇄 발행 2023년 6월 26일
글 루차 소토마요르 | 그림 이트사 마투라나 | 옮김 남진희
펴낸이 김명희 | 편집 이은희 | 편집 진행 스누피 | 디자인 조은화
펴낸곳 다봄 | 등록 2011년 6월 15일 제2021-000136호
주소 서울시 마포구 토정로 222 한국출판콘텐츠센터 305호
제조국 대한민국 | 사용연령 8세 이상 | 전화 02-446-0120 | 팩스 0303-0948-0120
전자우편 dabombook@hanmail.net | 인스타그램 instagram.com/dabom_books

ISBN 979-11-92148-53-3 74330
　　　979-11-92148-27-4 (세트)

※ 책값은 뒤표지에 있습니다.
※ 잘못 만든 책은 구입한 곳에서 교환해 드립니다.
※ 종이에 베이거나 긁히지 않도록 조심하세요. 책 모서리가 날카로우니 던지거나 떨어뜨리지 마세요.
※ KC마크는 이 제품이 공통안전기준에 적합하였음을 의미합니다.

어린이를 위한 사회 교양서 시리즈
행동하는 어린이 시민

팔메라 브라보 외 글 | 가브리엘라 리온 외 그림 | 김정하, 남진희 옮김 | 각 권 72~88쪽 | 각 권 15,000원

 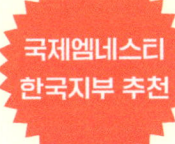 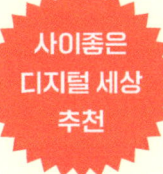 

서울환경연합 추천 | 국제엠네스티 한국지부 추천 | 사이좋은 디지털 세상 추천 | 행복한 아침독서 추천

지구는 일회용이 아니야
지속 가능한 세상을 위한 오늘의 실천

기후 위기, 긴급 처방이 필요해!
지구 온도 1.5도 상승을 막는 해결책

나도 세상을 바꿀 수 있어
어린이 활동가를 위한 안내서

우리는 슬기로운 디지털 시민입니까?
건강한 디지털 세상을 여는 미디어 리터러시

우리는 다르니까 함께해야 해
다름을 존중하는 문화 다양성

우리 집이 사라지고 있어
하나뿐인 지구를 지키는 환경 탐험

《행동하는 어린이 시민》 시리즈는 세계적인 사회 문제에 관심을 기울이며 해결을 위해 적극 참여하는 어린이 시민을 위한 사회 교양서입니다.
기후 위기, 인권, 사회 운동, 문화 다양성, 디지털 시민 등 더 나은 미래를 만드는 데 필요한 사회 이슈들을 깊이 있게 다루며 무엇보다 어린이들이 직접 행동하여 변화를 일으킬 수 있는 방법을 상세히 알려 줍니다.

어린이도 사회의 구성원으로 정의롭지 않은 것을 구별하고 잘못된 일을 바로잡는 데 의견을 내고 행동할 수 있는 시민입니다. 어린이 시민 한 명의 행동이 더 나은 미래로 나아가는 커다란 한걸음입니다. 그 한걸음에 이 시리즈가 도움이 될 것입니다.

독후활동지 다운로드